Manual práctico de constelaciones familiares

ALEJANDRA MITNIK FISCHMAN

Manual práctico de constelaciones familiares

Para constelar a otros y a uno mismo

EDICIONES OBELISCO

Colección Psicología
MANUAL PRÁCTICO DE CONSTELACIONES FAMILIARES
Alejandra Mitnik Fischman

1.ª edición: abril de 2019
3.ª edición: noviembre de 2023

Maquetación: *Marga Benavides*
Corrección: *TsEdi, Teleservicios Editoriales, S. L.*
Diseño de cubierta: *Enrique Iborra*

© 2019, Alejandra Mitnik Fischman
(Reservados todos los derechos)
© 2019, Ediciones Obelisco, S. L.
(Reservados los derechos para la presente edición)

Edita: Ediciones Obelisco, S. L.
Collita, 23-25 Pol. Ind. Molí de la Bastida
08191 Rubí - Barcelona - España
Tel. 93 309 85 25 - Fax 93 309 85 23
E-mail: info@edicionesobelisco.com

ISBN: 978-84-9111-446-8
Depósito Legal: B-9.328-2019

Impreso en los talleres gráficos de Romanyà/Valls, S. A.
Verdaguer, 1 - 08786 Capellades (Barcelona)

Printed in Spain

Agradecimientos

Y encontré entre sus cartas unas líneas de despedida.

Mi padre, en pocas palabras y sin saber nada sobre las Constelaciones Familiares, nombraba a la vida con mayúsculas y de esa manera me estaba dando una gran lección. Me recordaba lo que para mí significa esta terapia, la posibilidad de reconocer la grandeza de los padres, asentir a lo que viene de ellos y más atrás, para con la mirada en alto, poder darnos la vuelta y continuar haciendo algo bueno con nuestro destino.

Por sus enseñanzas y todo su amor, a él, mi padre, ¿cómo no le voy a estar agradecida?

En mi primer libro *Sanadores, un camino alternativo,* esta editorial (Ediciones Obelisco), explicaba los increíbles resultados que obtuvo una de mis pacientes después de aplicar las Constelaciones Familiares en su terapia.

En la presente obra, me adentro en dicha técnica, la cual nos acerca a un mundo vivido por aquellos que forman parte del sistema familiar y que a través de lazos energéticos y extratemporales continúan, algunas veces desde siete generaciones atrás, ejerciendo su influencia y determinación en los destinos de los descendientes.

Las Constelaciones Familiares ayudan a sentir de manera profunda lo que significa el amor hacia los otros y permiten que lo espiritual se materialice a cada instante. Esta unión con los ancestros es la que posibilita que se siga traspasando la vida en su acepción más amplia, de una generación a otra, y que a pesar de sus dificultades, vivirla, tenga sentido.

Entonces, a ellos, mis ancestros, ¿cómo no les voy a estar agradecida?

Y por último, mi profunda admiración hacia el creador de las Constelaciones Familiares, Bert Hellinger, y mi reconocimiento hacia un grupo de personas que me han ayudado a investigar y mejorar mi trabajo.

De cada uno de ellos he aprendido algo y constituyen mi mejor aliciente para seguir en este camino. Me refiero a los alumnos y pacientes que han estado alguna vez cerca de mí.

A todos ellos, también, ¿cómo no les voy a estar agradecida?

Presentación

Una de las formas de aprender Constelaciones Familiares es vivenciarlas a través de talleres grupales. Pero ¿cuántas constelaciones familiares serían necesarias para capacitarnos en constelar a otros?, ¿cuántos de los cientos de libros sobre el tema tendríamos que leer para conocer plenamente la teoría?, y una vez que hayamos visto las suficientes constelaciones y leído los suficientes libros, ¿de qué manera empezaríamos a constelar?

Capacitación teórica y metodología práctica han sido dos asuntos en los que encontraba vacíos difíciles de llenar. Hoy, después de varios años de formación e investigación, con cientos de talleres realizados y muchísimos pacientes tratados mediante esta terapia sistémica, decido escribir el presente manual. En él, intento transmitir con detalle mi método personal de aplicación, dejando la capacitación teórica en manos de los institutos de formación y en la extensísima bibliografía sobre la materia que permanentemente es ampliada. De esta manera, comparto mi experiencia y me dirijo de forma específica a lo metodológico. Mi intención se ha centrado en crear un texto de carácter netamente práctico con el objetivo de que pueda ser utilizado con facilidad por toda persona interesada en las Constelaciones Familiares. Representa una manera novedosa de utilizar la técnica ya que muestro cómo poder aplicarla paso a paso, no solo en grupos o en consulta individual, sino también en uno mismo, a través del procedimiento que he denominado *autoconstelaciones*.

Además de los dos temas troncales que representan la capacitación teórica y la metodología práctica, considero de suma importancia que todo terapeuta cuente con su propio análisis. Cuantos más asuntos de su vida tenga constelados, mejor podrá atender a las problemáticas de los demás. Para ello, propongo un camino terapéutico para seguir en tratamientos psicológicos o en procesos de desarrollo y crecimiento personal. A este recorrido temático terapéutico le he dado el nombre de *Mapa de Constelaciones Familiares*. Al finalizar el manual, presento de manera resumida las características de este recorrido que, por su complejidad, requiere ser desarrollado ampliamente en otro texto al que recomiendo dirigirse: *Nuevas miradas en constelaciones familiares. Cómo aplicar Constelaciones Familiares según los diferentes temas*, de Alejandra Mitnik, autoedición.

Para agilizar la lectura de este manual, lo he dividido de la siguiente manera:

Capítulo 1. AUTOCONSTELACIONES
Capítulo 2. CONSTELACIONES FAMILIARES INDIVIDUALES
Capítulo 3. CONSTELACIONES FAMILIARES GRUPALES
Capítulo 4. MAPA DE CONSTELACIONES FAMILIARES

Es posible que al lector novel en la terapia sistémica solo le interese el capítulo 1 de este manual para poder realizar sus propias autoconstelaciones, mientras que al terapeuta formado en Constelaciones Familiares grupales le sea preferible ir directamente al capítulo 2, para conocer cómo se aplica la técnica a nivel individual.

He pensado en estas posibilidades a la hora de organizar este manual y por ello, he decidido volver a desarrollar cada nuevo capítulo de manera completa, repitiendo los pasos de una misma metodología para facilitar el estudio y agilizar su aplicación.

La mayoría de casos expuestos en este manual han sido tomados del blog Terapias energéticas con Alejandra Mitnik, cuyos reportes y desarrollos se pueden ver con más profundidad.

Me gustaría aclarar que a lo largo de la obra, utilizo indistintamente los términos *paciente* o *consultante* para referirme a la persona que recibe una constelación, y el término *constelador* tanto para el hombre como para la mujer. Desearía que el lector se sienta cómodo cambiando dichos términos por los que crea más convenientes. Al ser una obra en formato de manual, la comprensión será más amplia si se ejercitan los contenidos.

Sugiero tener preparados a los muñecos de los guerreros de Xi´An para empezar con las autoconstelaciones y luego seguir con las constelaciones individuales a otras personas.

Los protocolos de las metodologías que aquí se exponen son muy fáciles de aplicar y los resultados se observan con la práctica. Animo al lector a que ponga manos a la obra y se decida a practicar a medida que vaya leyendo cada uno de los temas.

CAPÍTULO 1

Autoconstelaciones

«Puedes autoconstelar todo aquello que desees
con toda tu alma»

INTRODUCCIÓN

Características de las autoconstelaciones

Las autoconstelaciones permiten que sea el mismo consultante quien realice su propia constelación.

No es necesario haber sido formado como constelador para seguir la metodología expuesta en este manual, pero cuanta más información y asistencia a talleres grupales o sesiones individuales se tengan, más fácil será la aplicación de la técnica.

He creado esta herramienta basándome en el trabajo terapéutico con pacientes y en el mío personal, técnica que considero muy efectiva ya que de una manera sencilla permite encontrar soluciones válidas y duraderas.

La practicidad que caracteriza a las autoconstelaciones permite que puedan tratarse de manera asidua problemas simples y cotidianos, y que la persona afronte su vida con mayor seguridad y libertad.

A diferencia de otras modalidades terapéuticas, en las autoconstelaciones el contacto con el ser interno de la persona favorece la comunicación sincera consigo misma, provocando descubrimientos y comprensiones profundas que, indefectiblemente, llevan a un estado de tranquilidad y paz.

El anhelo y la necesidad de la persona que se autoconstela tiene tal relevancia que al plasmarse permite alcanzar el objetivo buscado con suma rapidez y facilidad.

Las autoconstelaciones nos permiten crear una imagen sanadora en la que intentamos reconocernos, como cuando miramos una foto de la infancia y sentimos que parte de nuestro ser ha quedado ahí. En las autoconstelaciones reconstruimos esa parte de nuestra alma y le damos un nuevo destino.

Material de trabajo

En las autoconstelaciones no se trabaja con personas sino con objetos que las representan.

Personalmente, utilizo muñecos de terracota, réplicas de algunos de los 10.000 guerreros de Xi´An, creados hace más de 2.000 años y hoy considerados Patrimonio de la Humanidad.

Elijo dicho material porque expresa, a través de su simbolismo y estética, una energía especial que encaja perfectamente con lo que se busca en esta terapia: encontrar las fuerzas sanadoras que permitan realizar cambios.

No en vano se describe a los guerreros de Xi´An como centinelas de la eternidad, pues guarda y conserva de manera perpetua aquello que viene de atrás.

Aplicación en las Constelaciones Espejo

Existe un tipo de constelaciones al que he denominado *Constelaciones Espejo,* porque al crearse quedan formadas estructuras parecidas a las de un reflejo.

Ante este tipo de construcciones resulta muy útil colocar un espejo pequeño de pie frente a los muñecos para que el consultante pueda constatar que aquello que se refleja es similar a lo que se observa en otro lugar del campo de la constelación.

El objetivo es poder tomar consciencia de la doble imagen que el inconsciente ha proyectado y llegar a comprender su significado.

A través de la experiencia en consulta he podido constatar que esta modalidad sistémica tiene características específicas que se repiten en determinadas personas.

Su formación no es arbitraria y al interpretarlas podemos obtener valiosos datos sobre secretos familiares, traumas muy profundos y aspectos inconscientes que se deben tratar.

El material de los guerreros de Xi´An que utilizo para aplicar Constelaciones Familiares individuales resulta idóneo para poder encontrar estas estructuras en espejo. La caja de 32 piezas contiene varios muñecos parecidos, y muchos de ellos son iguales en tamaño, postura y color.

Cabe señalar que las Constelaciones Espejo se descubren buscando formaciones similares, por lo tanto, tendremos que prestar atención a todos estos detalles para saber detectarlas.

Los procedimientos que hay que efectuar en este tipo de constelaciones se hallan descritos en mi libro: *Nuevas miradas en constelaciones familiares. Cómo aplicar Constelaciones Familiares según los diferentes temas,* de Alejandra Mitnik, autoedición.

Material de trabajo auxiliar

Como kit de trabajo, hay otros objetos simbólicos que pueden ser necesarios a la hora de constelar:

- Para abortos y temas relacionados con la maternidad: muñecos pequeños de bebés.
- Para abundancia, dinero y éxito en la vida: fotocopias de dinero, chequera, tarjetas de crédito.
- Para herencias, alquiler y venta de propiedades: cartel de venta o se vende, cartel de alquiler o se alquila, escrituras de compraventa, testamentos, planos de propiedades, péndulo.

- Para adicciones y destinos difíciles: lazos, cuerdas, una tijera, un cúter, un abrecartas o alguna herramienta de tamaño pequeño que represente algo cortante.
- Para secretos familiares: un cofre, piedra, «comecocos» o adivinador de papel.
- Para representar a alguien fallecido: una cajita, una cruz.
- Para temas espirituales: minerales, pirámides de cuarzo, figuras religiosas, talismanes.

Recomendación de aplicación

Recomiendo las autoconstelaciones en los siguientes casos:

- Cuando se quiere mantener el tema que se va a tratar en estricta confidencialidad.
- Cuando se tiene urgencia por resolver un problema y no es posible asistir a un taller o a una sesión individual.
- Cuando ya se ha constelado en grupo y queda algún aspecto particular por mirar.
- Cuando se está siguiendo el recorrido del Mapa de Constelaciones Familiares.

Consideraciones importantes a la hora de realizar una autoconstelación

En las autoconstelaciones nos preocupamos por aquello que necesitamos resolver y para ello tenemos que contar con cierta capacidad de atención, favorable predisposición para los cambios y fuerza de voluntad.

Estas condiciones, que necesitan de la energía vital de la persona, pueden ser optimizadas a través de la técnica del Péndulo Hebreo. En mi segundo libro *Manual del péndulo hebreo*, Ediciones Obelisco, hay un capítulo dedicado a la autoaplicación para que la técnica pueda ser realizada fácilmente por uno mismo.

Finalización de una autoconstelación

Una autoconstelación termina cuando, siguiendo el protocolo, llegamos a obtener una imagen final llamada *Imagen de solución*, en la que encontramos los siguientes puntos:

- Todos los representantes se encuentran bien.
- Ningún representante quiere cambiar de lugar.
- No hace falta colocar nada ni a nadie más.
- Se han incluido a todos los excluidos.
- Se ha encontrado la emoción que buscábamos detectar al alcanzar el objetivo.

Todos estos puntos serán revisados cuando nos adentremos de lleno en la metodología.

Observación de los resultados

En las autoconstelaciones los resultados se observan muy rápidamente. Cuanto más se desee una solución, mayor será la probabilidad de éxito.

En caso de no obtenerse los cambios deseados, sugiero volver a autoconstelar porque pueden haber aflorado otros aspectos que no aparecieron en la autoconstelación anterior y que en el presente se hace necesario revisar.

Alcance de las autoconstelaciones

Las autoconstelaciones son muy efectivas para resolver:

- Temas cotidianos.
- Asuntos que llevan poco tiempo de existencia en la vida.
- Síntomas de aparición reciente y de carácter agudo, no crónico ni degenerativo.
- Objetivos de realización personal.
- Proyectos a corto y mediano plazo.
- Elección de opciones.
- Toma de decisiones.

Las autoconstelaciones también pueden afectar a otros miembros del sistema, porque cada vez que constelo, algo se ordena dentro de mí, por lo tanto, algo se ordena también fuera.

Objetivo final de las autoconstelaciones

Lo que buscamos al autoconstelarnos es:

- Poder ser conscientes de aquello que está en nuestro interior impidiéndonos ser felices y lograr nuestros propósitos.
- Darnos cuenta de lo que nos pasa en nuestra vida y por qué nos pasa.
- Conectar con nuestros sentimientos más profundos.
- Revisar si lo que cargamos a nuestras espaldas lo llevamos porque es nuestro y lo hemos generado en esta vida o viene desde más lejos.
- Tomar la fuerza necesaria para que aquello que ya no me sirve para mi crecimiento ni les sirve a mis descendientes pueda dejarlo atrás, agradeciéndole lo que me ha enseñado y el tiempo que ha estado conmigo.
- Prepararnos para honrar todo lo nuevo y bueno que nos espera a nosotros y a los que dependen de nosotros.
- Tomar la vida y seguir nuestro propio camino.

El objetivo final de las autoconstelaciones es poder alcanzar las soluciones por uno mismo.

En mi primer libro *Sanadores, un camino alternativo,* Ediciones Obelisco, la sanadora Isabel nos dice: «Si alguien quiere ayudarte y no te enseña a buscar dentro de ti, no te está ayudando verdaderamente».

La obra nos muestra la importancia de poder sanarnos a nosotros mismos y, en este sentido, las autoconstelaciones son una herramienta de gran utilidad.

REFLEXIONES

«¿Qué tiene que ver el alma con las autoconstelaciones?»

Las autoconstelaciones sirven para resolver, a veces en una sola aplicación, temas sencillos de la vida diaria, íntimos y personales.

El efecto de una autoconstelación es de aclaración, liberación, alivio y sanación.

Quien ha tenido la oportunidad de autoconstelarse habrá sentido una conexión profunda con su interior, pudiendo sacar a la luz valores y recursos olvidados. Cuando se autoconstela, la visión acerca de los problemas se amplia de tal manera que estos dejan de ser el centro único y sin salida.

La pregunta que muchos se hacen es: «¿Cómo sé que aquello que aparece en una autoconstelación es lo real y no lo que yo deseo?».

Deseo y realidad van de la mano en este trabajo. Tal es la relación de complicidad, que sugiero a los alumnos y pacientes dejar armadas sus autoconstelaciones al llegar a la solución final.

El efecto de cargar energéticamente la imagen de la autoconstelación a través de la visualización repetida es mucho mayor y más rápido.

Las autoconstelaciones constituyen un camino de sanación y crecimiento personal.

Sus beneficios van más allá de los objetivos concretos que se buscan.

Afectan a la totalidad del ser.

«Se trata de una terapia enriquecedora para el alma».

METODOLOGÍA

Para realizar con facilidad las autoconstelaciones, he creado una metodología que consta de ocho ítems:

1. Apertura
2. Representantes
3. Observación
4. Sensaciones
5. Frases sanadoras y procedimientos específicos (rituales)
6. Movimientos
7. Solución final
8. Cierre

Al finalizar cada capítulo, hay un listado sintetizado de los pasos del protocolo para facilitar su aplicación.

Por último, agrego una Ficha de seguimiento para que rellenes después de cada autoconstelación. Te permitirá llevar un control metódico del trabajo realizado en ti mismo.

1. APERTURA

El primer punto del protocolo es APERTURA, aludiendo a la expresión que se utiliza comúnmente en los talleres grupales cuando el constelador se dispone a comenzar el trabajo con la frase: «Vamos a abrir la constelación».

Para seguir el protocolo, se responderá a una serie de preguntas cuyas respuestas guiarán el desarrollo de la técnica. A fin de tenerlas presentes, se escribirán en una libreta.

1. ¿Cuál es el tema que se va a tratar?

El tema es la palabra clave que nos dará información acerca de aquello que constelaremos.

Constituye el título que le vamos a poner a la autoconstelación. Podemos obtener palabras clave de los 22 puntos del Mapa de Constelaciones Familiares.

El tema será formulado de la siguiente manera:

Centrado en lo que me preocupa
Si el tema no preocupa verdaderamente o no tiene importancia relevante se debe evitar elegirlo para autoconstelar.

Cuando en una autoconstelación se llega a una solución del problema, la imagen formada servirá para iniciar los cambios que se necesiten realizar posteriormente.

Si el tema no atrae lo suficiente, la imagen alcanzada perderá su fuerza, los resultados serán mínimos, pasajeros o se dejarán en manos de otros, lo cual no es el objetivo de este tipo de terapia.

Expresado en una o dos palabras o frase corta

El tema deberá ser expresado de manera concreta y en pocas palabras, como por ejemplo: «Pareja», «Mamá», «Hijos», «Trabajo», «Jefe», «Amigos», «Sentimiento de poca valía», «Inseguridad», «Diagnóstico médico».

¿Por qué en pocas palabras?

Porque al principio se trata de tener una referencia, un punto de partida.

El planteamiento del tema ya nos pone en contacto con aquello que nos provoca el asunto que vayamos a tratar. Para ello, habrá que tomarse unos breves instantes para sentir y percibir.

Sin críticas ni desvalorizaciones

Algunas personas acostumbran a extenderse en la formulación del tema y, al hacerlo, ejercen críticas y desvalorizaciones. Ejemplos: «Quiero constelar la relación con mi madre. Ella siempre fue una *persona controladora,* y aún hoy, después de treinta años, sigue tratándome como si fuera una niña». «*Mi padre fue siempre muy frío y egoísta.* Desde que se separó de mi madre, no nos vemos casi nunca. De eso hace catorce años. Quisiera constelar la comunicación con él».

La crítica y desvalorización constituyen una forma de exclusión. Si se excluye, se estará descuidando el Orden de Pertenencia al que tanta importancia da la teoría de las Constelaciones Familiares.

Recordemos brevemente cuáles son los Órdenes del amor que se deben tener en cuenta al autoconstelar.

1. ORDEN DE LA PERTENENCIA: Todos los miembros de un sistema tienen derecho a pertenecer a él. Ningún miembro es prescindible o puede ser olvidado. La existencia de este orden señala que los excluidos, aquellos que fueron desheredados, dejados de lado o criticados, también forman parte, y por lo tanto, deben ser puestos a los ojos de los demás miembros para ser reconocidos e integrados dentro del sistema.

2. ORDEN DE JERARQUÍA: Quien ha llegado antes al sistema tiene prioridad, y gracias a su ausencia o presencia, hace posible que otros vengan después. La realidad de este orden determina que la fuerza de los vínculos es menor cuanto más alejada sea del origen.

3. ORDEN DEL EQUILIBRIO ENTRE EL DAR Y EL TOMAR: En todo sistema hay un intercambio. Para que el amor fluya, se mantenga y prospere, debe existir un equilibrio, una relación de igualdad entre lo que se da y lo que se recibe.

Teniendo en cuenta estas premisas respecto al tema, la segunda pregunta del presente ítem se referirá al objetivo y será:

2. Si fuera posible, ¿qué quiero lograr respecto al problema?

El objetivo que se quiere lograr con la constelación deberá ser:

Claro y concreto

Tanto el planteamiento del problema como aquello que se quiera lograr respecto a él deberán ser formulados de manera clara y concreta para poder ser cotejados al finalizar la autoconstelación. Un ejemplo de demanda confusa sería: «Quiero *constelar mi ser* en el mundo, pues tiene una *tristeza vital* llena de *sinsentido a nivel existencial*».

Otro ejemplo de demanda poco concreta sería: «El marido de mi hermana no la trata bien, y yo *no puedo soportarlo* porque ella no es de personalidad fuerte y está embarazada. No sé cómo lo aguanta. Nunca se llevaron bien y ahora vomita todos los días. *Ella lo está pasando mal*».

Formulado de uno en uno

Tener diferentes necesidades o problemas por resolver puede requerir de varias constelaciones, por lo tanto, será necesario ir paso a paso y formular un sólo objetivo cada vez.

Ejemplos de formulaciones en los que hay distintos objetivos: «Quiero autoconstelar *relacionarme mejor con mi madre, comunicarme más con mi padre, llevarme bien con mi marido* y *ser escuchada por mi hija»*, *«Tengo mucha tristeza* y no sé a qué se debe, siento que *no he podido cumplir con mi sueño de ser madre*, pero también sé que *pude ser una buena profesional.* Aunque no lo tenga claro, quiero autoconstelar todos estos sentimientos», «No comprendo *qué me pasa con los hombres* y muchas veces pienso que tiene que ver con *la relación con mi papá.* Voy a autoconstelar ambos vínculos».

Posible de alcanzar mediante la técnica

Es necesario que aquello que se quiera lograr pueda ser factible de alcanzar a través de las autoconstelaciones.

Ejemplos de objetivos inadecuados para autoconstelar son: *«Quiero autoconstelar que mi hijo llegue a ser un pianista reconocido», «Quiero autoconstelar que mi amante deje a su esposa», «Quiero autoconstelarme para saber si me casaré», «Quiero auconstelarme para decidir si debo aceptar la quimioterapia o no».*

Centrado en la propia persona

El problema por constelar tendrá que partir y centrarse en uno mismo: «Quiero constelar la sexualidad que tengo con mi pareja» (no la sexualidad *de la pareja),* «Quiero constelar mi relación con mi jefe» (no *al jefe),* «Quiero constelar la tristeza que tengo por la separación de mis padres» (no *a los padres).*

Referido a uno mismo, a un descendiente o a alguien del mismo nivel o inferior

El planteamiento del problema que se quiera tratar debe corresponder a temas personales o referidos a:

— Descendientes (hijos, nietos).
— Miembros que estén en un mismo nivel (pareja, hermanos).
— Personas que dependan de uno (hijos en adopción, familiares a cargo).

– Personas a los que uno tenga algo que ofrecer o se encuentren en un nivel jerárquico inferior (terapeuta a paciente, maestro a alumno, jefe a empleado, empresario a su negocio).

Una vez aclarados tema y objetivo, se preguntará por los resultados.

3. ¿Cómo me daré cuenta del resultado de mi autoconstelación?

Es importante saber de qué manera voy a darme cuenta de que el objetivo que busco al autoconstelar podrá ser alcanzado.

Si la respuesta no es realizable en un tiempo cercano, las posibilidades de alcanzar las metas se reducen. En este caso, será conveniente reformular aquello que quiero lograr, o bien a que los propósitos se cumplan por etapas.

Buscamos la emoción

Mientras que en la segunda pregunta del ítem «APERTURA: ¿Qué quiero lograr respecto al problema?» buscábamos un verbo (*entender* a mi pareja, *escribir* un libro, *comprar* una casa), al preguntar: ¿Cómo me daré cuenta de los resultados?, estamos buscando un sentimiento, una emoción.

Ejemplos de respuestas en los que se encuentran claramente la emoción: «Me daré cuenta de que la constelación de pareja me ha servido porque me sentiré más *paciente y amorosa* con ella», «Sabré que la constelación sobre el dinero ha funcionado porque me encontraré con más *iniciativa y ganas* de emprender otros negocios», «Veré que la constelación sobre la compra de una casa ha dado resultados cuando tenga decidido qué casa es la que necesito, descubra cuáles son mis posibilidades reales, sepa dónde buscarla y de qué manera adquirirla. Eso me dará *tranquilidad*».

Para valorar los resultados de la autoconstelación, nos basaremos en la emoción expresada: «estaré tranquilo», «me sentiré mejor», «lo tendré más claro», «me encontraré feliz». Tomaremos en cuenta la emoción y la anotaremos para recordar exactamente cuáles han sido las palabras utilizadas. Durante todo el desarrollo de la autoconstelación estaremos atentos a detectar la emoción anotada. Al descubrirla, habremos llegado al final de nuestro trabajo. Cuando en una autoconstelación se alcanza la solución, se debe a que se ha contactado con la emoción resolutoria que se esperaba encontrar.

Una vez obtenidas las respuestas a estas tres primeras preguntas, pasaremos a la elección de los representantes.

2. REPRESENTANTES

Dentro de este punto tendré en cuenta:

Elección de representantes según el tema
Para elegir a los representantes específicos de cada asunto que se vaya a tratar, se tendrá que revisar el Mapa de Constelaciones Familiares.

Mientras tanto y, en general, se podrá tomar como método de ayuda el siguiente procedimiento: En la frase de mi objetivo buscaré nombres, pronombres personales y sustantivos. Ejemplos:

«*(Yo)* Quiero constelar la relación con mi *madre*». En este caso buscaré un representante para mí y otro para mamá.

«*(Yo)* Quiero constelar la *dificultad* que tengo para afrontar *cambios*». Aquí seleccionaré representantes para mí, para la dificultad y para los cambios.

«*(Yo)* No sé si decidirme por la *adopción,* ya que *ella* prefiere la *inseminación artificial*». En este caso elegiré representante para mí y otro para ella, uno para la adopción y otro para la inseminación artificial.

En las ocasiones en que se necesite constelar a un grupo de personas, como una familia numerosa, una empresa con diversos puestos jerárquicos o un hecho traumático en el que haya habido varios muertos, podrá elegirse un único muñeco para representar a todos. En estos casos, se colocarán respectivamente: un representante para los cuatro hermanos, un representante para la empresa o un representante para los muertos.

3. OBSERVACIÓN

Consiste, como el título indica, en la observación de aquello que se muestra tal como aparece.

Cada imagen que se forma en el espacio de la constelación es como una réplica de la visualización interna que se tiene del problema. La primera pregunta en este ítem será:

4. ¿Qué siento al ver esta imagen?

Es posible que al mirar la imagen construida se tenga la sensación de no entender nada o comprender casi todo, y esa confusión o esa claridad tendrá que ver con el ordenamiento del sistema familiar. A veces, pueden tenerse sensaciones kinestésicas, tales como frío, calor, hormigueo en las manos, dolor en la espalda, etc.

En ocasiones pueden sentirse emociones como la tristeza, el agobio o la ternura.

Es conveniente anotar en un papel todo aquello que se sienta a fin de corroborar si puede ser significativo para resolver el problema. Es posible que esas sensaciones sean las que hayan tenido como síntoma algunos de los familiares del sistema o puede tratarse de un secreto que se expresa a través de algún estado energético: la evocación de alguien muerto cuando sentimos frío o de alguien que nos provoca excitación cuando sentimos calor.

Después de prestar atención a las sensaciones, nos dedicaremos a mirar los tamaños de los muñecos.

5. ¿Me dice algo el tamaño que tienen los representantes elegidos?

Se supone que todos los muñecos son fabricados idénticos, pero ante la observación detallada, se detectarán disimilitudes sutiles que tienen que ver más con lo inconsciente que con lo real y concreto.

A la hora de mirar un muñeco, cada uno lo interpreta de forma personal. Hay quienes dicen: «Ésta es mi mamá. ¡Hasta se parece!». «Me está sonriendo».

Nos detendremos a ver las diferencias de tamaño y posturas, analizando qué muñecos se han elegido para representar, cuáles son los más grandes, cuáles los más pequeños, quiénes están de pie y quiénes arrodillados.

Estos datos van a darnos pistas sobre cómo se respetan dentro del sistema familiar, el Orden de Jerarquía y el Orden del Equilibrio entre el Dar y el Tomar.

Una vez se detecte aquello que nos llame la atención, nos dirigiremos a mirar los detalles de las formas geométricas generadas en la disposición de los representantes.

6. ¿Qué formas geométricas se han creado?

La interpretación del significado de cualquier figura geométrica formada a través de la distribución de los representantes dentro del campo de la constelación, estará dada por el sentimiento que tenga al observar la imagen, por el análisis de la ubicación de los representantes dentro de esa figura y por el lugar hacia donde se dirigen las miradas entre ellos.

Triángulos

En general, los triángulos formados en las Constelaciones Familiares nos alertan de la inexistencia de roles diferenciados entre los miembros. Si la imagen triangular alude, por ejemplo, a una familia compuesta por los padres e hijo, en el primer vistazo no sabríamos distinguir claramente quién es quién. En esa disposición, cualquiera de los representantes podría estar desempeñando el papel del otro y ocupando un lugar que no le corresponde. En esta desorganización, lo que se observa es una alteración en el Orden de Jerarquía.

Pero la consecuencia más grave que encontramos dentro de las estructuras triangulares es el desequilibrio entre lo que se puede dar y lo que se debe tomar.

Siguiendo con el ejemplo anterior de la familia, sabemos que los padres dan y los hijos toman. Esto significa que los padres dan aquello que no tiene precio: «la vida», y que los hijos solo podrán compensar una entrega tan grande teniendo a sus propios hijos o haciendo algo bueno por los demás.

En la imagen triangular, todos dan y nadie toma, por lo tanto, tendremos que revisar el Orden del Equilibro entre el Dar y el Tomar. Cuando nos encontramos con un triángulo en el que dos de los representantes se miran entre sí o ambos miran a un tercero, podemos considerar a éste último como «el excluido», «el chivo expiatorio» o «el tercero en discordia». Al probar qué ocurre cuando adelantamos a éste último hacia los otros dos, vemos que los representantes que se miraban entre sí quedan imposibilitados de seguir haciéndolo debido a la presencia de ése tercero. ¿Qué se siente ante esto? Generalmente, la sensación es que ése tercero adelantado estorba, que no permite que los otros dos se sigan relacionando o que intenta mediar en un enfrentamiento. Cualquiera que sea la interpretación que se realice en estos casos, nos dará indicios de qué está pasando en el sistema y de qué manera se ve alterado en ellos el Orden de Pertenencia. Ante una imagen triangular en una constelación, nos preguntaremos: ¿se está reprochando o enjuiciando a alguien?, ¿alguno de los representantes siente que se le debe algo?, ¿queda algún asunto pendiente entre estas personas?

Un recurso interesante para tener en cuenta cuando nos encontremos con representantes dispuestos en triángulos, sería que entre ellos se pregunten: ¿por qué has hecho eso?, ¿qué es lo que crees que te debo?, ¿tienes aún algo que decir?

Líneas rectas

La disposición de representantes en líneas rectas también nos dará información, por lo que cualquier detalle que nos llame la atención en la configuración de las líneas deberá ser tomado en cuenta para saber si sucedió algo importante en la vida del representante que no esté alineado como los demás. Puede ser una distancia muy alejada entre alguno de los componentes de la línea o un integrante que se sale de ella mientras todos los demás quedan a la misma altura.

Mientras los triángulos nos señalan principalmente el desequilibrio entre el Dar y el Tomar, las líneas rectas verticales nos hablan de cómo se ve afectado el Orden de Jerarquía, y las líneas rectas horizontales nos advierten sobre el Orden de Pertenencia.

Representantes enfrentados

Si bien el poner dos representantes cara a cara puede significar atracción sexual o amor, la mayoría de las veces indica algo que decirse, carencia, deuda pendiente, reproche o crítica.

Ante representantes enfrentados, intentaremos determinar a cuál de estas situaciones se refiere la imagen:

- Algo que decirse (quiero que me tengas en cuenta).
- Carencia (yo necesito algo de ti).
- Deuda pendiente (tú me debes algo).
- Reproche (por qué has hecho eso).
- Crítica (lo que has hecho no es correcto).

Representantes dando la espalda

Un representante que no mira al grupo y da la espalda puede significar el deseo de salir del sistema o el de no tener nada que ver con él. Dar la espalda representa una expresión de rechazo y un deseo de alejamiento, búsqueda de un camino diferente o final de una etapa de a dos.

«Ya no puedo mirarte», «yo me voy y aquí te dejo», «nos separamos en paz y cada uno por su lado», son algunas de las sensaciones que nos puede generar encontrar representantes que no se miran.

Círculos

Los círculos son grupos cerrados que delimitan territorios.

Al observar los círculos, podemos sentir sensaciones que van desde el intercambio de energías positivas, como la cohesión y la fuerza entre los componentes, a la opresión y el ahogo por parte del grupo. Generalmente, los círculos son indicativos de temas pendientes entre los miembros del sistema.

En determinados momentos, construir círculos con los representantes puede ser necesario para recibir ayuda y fuerza sanadora, pero en general, nos hablan de una afectación de los tres Órdenes del amor. Cuando se forma un círculo en una constelación, se deberá estar atento por si queda algún representante fuera del mismo. En caso de que así sea, posiblemente se estaría ante un excluido del sistema y el orden afectado sería el de Pertenencia.

Varios círculos o un círculo alejado del resto del grupo indicarían separación, negación de la situación actual o necesidad de construcción de una realidad diferente.

En algunas situaciones, el círculo puede ser sanador, especialmente para el tratamiento de casos de baja autoestima, abusos sexuales y sanación del Niño Interior herido. El procedimiento consiste en construir un círculo para que aquel representante que sea colocado en su centro pueda ser mirado y reconocido. A este procedimiento le he dado el nombre de *Ritual de reconocimiento*.

Cuadrados

Los cuadrados construyen líneas energéticas que, dirigidas a través de la mirada, nos indicarán cruces de fuerzas, dispersión, integración o exclusión.

Es muy común que los cuadrados nos muestren a dos parejas de elementos enfrentados cuyo significado habrá que constatar y que, generalmente, tienen que ver con atracción sexual, amor, reproche, crítica o deuda pendiente.

Ante los cuadrados, el Orden del amor principalmente alterado es el de Jerarquía.

Falta de alineación o composición desordenada

También es indicativo de desorden en el sistema cuando los representantes quedan colocados sin ningún tipo de alineación. La imagen sería la de una familia desorganizada o en la que sus miembros no guardan relación entre sí.

Cuando la primera imagen que encontramos al abrir una constelación se muestra con falta de alineación, podemos sospechar que todos los Órdenes del amor se encuentran alterados.

7. ¿La ubicación que tienen los representantes es fija y estable?

Muchas veces, no sabemos dónde colocar un muñeco y empezamos a probar en qué sitio podríamos ubicarlo mejor.

La indecisión sobre el lugar nos indica que existe una dificultad para ocupar ese rol dentro del sistema y que, justamente, es con ese representante con quien tengo que resolver un problema.

Las frases clave que nos indicarían conflicto son: «¿Dónde coloco a este muñeco?» o «no sé dónde ponerlo».

Un hecho relevante que se debe tener en cuenta es si los representantes se pueden ubicar en el espacio de manera fija y estable.

En ocasiones, al no encontrar un lugar adecuado para situarlo, necesitaré mover de un lado a otro a un representante, o dar vueltas con él como si fuera un baile.

La inestabilidad en cuanto a la elección del sitio adecuado para un representante puede indicar:

— Antecedentes de esquizofrenia en la familia.
— Suicidios, homicidios o participación en guerras.
— La necesidad de buscar al excluido.

8. ¿Qué distancia hay entre los representantes?

Las distancias nos informan sobre la intensidad de las relaciones entre los representantes.

Una distancia prudencial puede mostrarnos la necesidad de tener un espacio vital para dirigirse hacia el destino de cada uno, mientras que una distancia exagerada puede indicarnos rechazo o indiferencia. Las distancias nos corroboran si la imagen interior que se tiene del problema coincide con la realidad que se expresa previamente a configurar la autoconstelación.

Recuerdo la autoconstelación de una consultante que buscaba pareja. En la primera imagen su representante se encontraba a gran distancia, mirando en la dirección contraria a la que se encontraba su nuevo amor.

En otro caso, una madre autoconstelaba la necesidad de que su hijo pudiera independizarse laboralmente. En la disposición de los muñecos, madre e hijo se miraban con ternura y nada de lo que significaba un posible buen trabajo llamaba la atención.

9. ¿Algo o alguien queda fuera del grupo?

Es muy importante observar qué o quién está dentro del grupo y si algo o alguien queda fuera.

Las respuestas a estas preguntas nos darán pistas sobre el excluido que será necesario reconocer para darle un buen lugar en el sistema. Preguntamos por algo o alguien, porque tendremos en cuenta que los excluidos pueden ser tanto personas como objetos materiales, aspectos afectivos o valores espirituales.

10. ¿En qué lugar se ubican los representantes masculinos y femeninos?

Comúnmente, los representantes masculinos son colocados a la derecha y los femeninos a la izquierda.

Imágenes representativas de esta ubicación las encontramos a través de normas culturales, por ejemplo, en el signo de cortesía por parte del hombre de caminar por la acera del lado derecho de la mujer, en la costumbre tradicional en la que el padre lleva a la novia ante el altar, o en la representación de la típica pareja de novios de escayola o mazapán que se coloca sobre la tarta de una boda. Cuando esta ubicación se encuentre cambiada, obtendremos diferentes interpretaciones que luego deberán ser corroboradas.

Puede tratarse, por ejemplo, de una familia matriarcal en la que a través de las generaciones la figura de la mujer haya sido la más preponderante, o de una familia en la que los destinos de todas las mujeres hayan sido muy difíciles, por tener que sacar adelante a sus hijos sin la ayuda de sus maridos, dándoles a los hombres un lugar desvalorizado.

También se puede dar cambio de disposición en aquella familia en que las mujeres son siempre las triunfadoras mientras que los hombres quedan relegados a un nivel inferior.

El sitio que se elija para colocar a los hombres o mujeres nos dará información acerca de la importancia que tiene cada sexo dentro del sistema, de qué manera se vive la femineidad y masculinidad y dónde puede estar el punto conflictivo a nivel sexual y de pareja. Puede ocurrir que no se coloque al personaje en el lugar que corresponde porque la persona a la que se representa está muerta, por ejemplo, cuando en lugar de colocar a la madre a la izquierda, se la sitúa a la derecha porque el padre ha fallecido. En este caso, la razón expuesta no justifica que se lo ubique de aquella manera y sería importante revisar qué espacio y valoración se les otorga a los hombres en ese sistema.

En ocasiones, todos los miembros masculinos quedan en un lugar opuesto a los femeninos, y esto puede hablarnos de la consideración que unos y otros se tienen entre sí.

11. ¿Por qué están colocados de esta manera?

La disposición de los representantes, ya sea formando figuras geométricas, ocupando el lugar de la derecha o la izquierda, o bien estando más adelante o atrás, cerca o lejos, tiene diferentes significados que tendremos que descifrar.

Aun en el caso en el que la disposición sea costosa y desordenada, revisaremos por qué cada representante está ubicado en dicho lugar. Lo mismo sucederá cuando la disposición sea ordenada de manera que cada representante se encuentre en el lugar ideal según los Órdenes del amor.

En muy contadas ocasiones, este ordenamiento tan estructurado y perfecto puede esconder secretos muy guardados o un gran sentimiento de culpabilidad.

12. ¿Hacia dónde mira cada uno de los representantes?

Las miradas hablan y nos dan valiosas informaciones que debemos aprender a interpretar.

Las miradas vinculan y hacia donde se mire existe una relación. Para cerciorarme hacia dónde mira cada representante, puedo tomar un lápiz o una regla y apuntar desde la nariz del muñeco hacia el extremo opuesto.

Si alguno de los representantes mira hacia un punto indeterminado, podemos colocar en ese lugar, otro muñeco que represente aquello a lo que se está mirando, aunque no se sepa a qué o a quién se refiera.

Cuando ubicamos a un representante que falta en el punto de mira, casi siempre se trata del excluido o del ancestro responsable del secreto familiar.

En líneas generales, podemos decir:

Mirar a lo lejos

Cuando un representante mira a lo lejos, busca a un excluido o a algún familiar fallecido a quien desea seguir en su destino.

Mirar a lo lejos también puede manifestar el deseo de querer salir del sistema.

A veces, mirar a un punto lejano no definido puede significar el interés por algo espiritual, tener puesta la mirada en una fuerza mayor, buscar a Dios.

Mirar hacia atrás

Si el punto de mira se orienta hacia atrás de los representantes, señalará la búsqueda de algo que quedó en el pasado, como por ejemplo, un amor anterior, un ancestro al que hay que honrar, un acontecimiento traumático o una época de vida mejor.

Mirar hacia delante
Si el punto de mira se dirige hacia delante de los representantes, nos estará indicando la búsqueda de un futuro que se quiere alcanzar.

Mirar al suelo
Mirar hacia el suelo puede indicar estar frente a un muerto, un aborto, un excluido o un secreto familiar.

No poder mirar a los ojos
La imposibilidad de mantener la mirada en algo o de mirar a alguien a los ojos denota un sentimiento de vergüenza o culpa por un acto cometido.

13. Si imagino a los representantes como una familia, ¿qué me llama la atención?

Esta pregunta únicamente la haremos cuando sintamos que la constelación tiene que ver con una familia, que puede ser o no la propia. Si sentimos que los representantes forman una familia, podremos continuar la autoconstelación cambiando los roles de los muñecos según correspondan a mamá, papá, nuestra pareja, hijos, etc.

Debemos tener en cuenta que al aceptar estos cambios, la autoconstelación se volverá compleja para los recién iniciados y puede resultar muy movilizadora a nivel emocional.

Si no relacionamos a los representantes de la autoconstelación con una familia, seguiremos aplicando el protocolo con el tema y objetivo iniciales.

4. SENSACIONES

Como su título indica, llegados a este punto, de lo que se trata es de sentir. En este ítem tocaremos a los representantes para descubrir qué sienten cada uno de ellos y lo haremos apoyando los dedos sobre la cabeza de las figuras o cogiéndolos por detrás.

Podremos hacerlo con un dedo, con dos o con todos los dedos de una mano, de cualquiera de ellas, procurando tocar a uno solo cada vez y no levantarlos ni moverlos de lugar, e intentando no taparles la cara.

Veamos los motivos de este procedimiento:

Con una sola mano
El procedimiento se deberá realizar con una sola mano y no con dos para que sea más fácil la manipulación del muñeco y se evite mover a los que están cerca.

Uno cada vez
Tocaremos una sola figura cada vez para identificar de manera individual lo que se siente con cada una de ellas. Tocar a dos muñecos a la vez podría confundir las sensaciones.

Sin moverlos del lugar
Este paso requerirá sumo cuidado para no mover ni levantar a los muñecos de lugar, ya que las sensaciones que se expresen corresponderán al sitio en el que estén colocados.

Si se levanta a algún muñeco del lugar donde se va a cotejar la sensación, lo quitamos de ese espacio de la autoconstelación denominado *Campo de conocimiento*, con lo cual la información podrá ser diferente.

Recordemos que el Campo de conocimiento hace referencia al espacio en el que se desarrolla la autoconstelación y en el que se reciben las informaciones. Este campo permite el acceso a hechos, secretos familiares y sentimientos de los miembros del sistema, aunque no estén presentes o sean desconocidos.

Moveremos a los representantes cuando no se sienta nada y se desee probar si en otro sitio cambia la percepción, o bien cuando un representante deba expresarle algo a otro que está a mucha distancia o de espaldas.

Sin taparles la cara

Teniendo en cuenta la metodología de este manual, no llegaremos a la solución hasta que todos los representantes se sientan bien y hayan podido expresar lo que necesiten.

Tendremos cuidado de no tapar el rostro de los muñecos porque tanto la mirada como la boca son puntos clave dentro del protocolo. Si se tapan los ojos, simbólicamente «algo no se puede mirar», y si se tapa la boca, «algo no se puede decir». En ambos casos, se estaría reprimiendo y generando un bloqueo.

Sintiendo con los ojos abiertos

Ciertas personas tienden a cerrar los ojos y esperan recibir alguna información, como si estuviesen en una actitud meditativa.

Es importante mantener los ojos abiertos para tomar consciencia de aquello que se ve.

En este paso de la técnica, mirar representa estar presente y cerrar los ojos podría significar no querer conectar con lo que se muestra, por lo tanto, seguir excluyendo.

Para no olvidarlas, escribiremos en un papel las sensaciones que tengamos al tocar cada muñeco, porque más adelante necesitaremos trabajar con aquellos representantes que no se encuentren bien, quieran cambiar de lugar o tengan algo que decir.

La pregunta que formularemos en este ítem será:

14. ¿Qué siente cada uno de los representantes?

Tenemos que estar atentos a las sensaciones de cada uno de los representantes, ya sean cosas, situaciones o personas.

Al principio de las prácticas, es recomendable tocar a todos los representantes. Después, a medida que nos sintamos seguros en la aplicación del protocolo, podremos revisar únicamente a aquellos representantes que consideremos que no se sienten bien. De esta manera, acortaremos los tiempos de nuestro trabajo.

¿Y qué ocurre cuando al tocar a algunos de los muñecos no sentimos nada?

Cuando no se siente nada es porque algo duele y, en general, significa que duele demasiado.

Detrás del no sentir hay un gran dolor reprimido que no puede salir a la consciencia.

En este caso, intentaremos conectar con la emoción sin que esto nos reporte mayor sufrimiento.

Existen algunas estrategias que nos permiten sentirnos seguros a la hora de revisar lo inconsciente y liberar la emoción negativa. El objetivo de estas estrategias es tomar contacto con el espacio y tiempo en el que me encuentro, poniendo toda mi atención en el aquí y ahora.

Estas estrategias se realizarán tocando a cada uno de los muñecos, con una sola mano, a uno solo cada vez, sin moverlos de lugar, sin taparles la cara y sintiendo con los ojos abiertos:

La primera de estas estrategias consiste en decir:

— «Yo soy… (Jordi, mamá, tu pareja, la seguridad)».
— «Yo estoy ubicado… (frente a ti, delante de papá), y a la derecha tengo a…, y a la izquierda tengo a…, y detrás de mí está, y cerca de mí se encuentra… y más lejos tengo a…».

- «Aquí donde estoy, miro hacia… (el futuro, un punto lejano, mi hermano)».
- «En este lugar, ahora mismo, me siento… (feliz, cansado, agobiado)».
- «Y quiero decir… (lo siento, gracias, te amo, no quiero decir nada)».

Otra estrategia sería decir: «Si supiera lo que siento, te diría…» A veces, resulta esclarecedor decir: «Aquí, donde estoy, no siento nada». En ocasiones, esta última frase resulta muy dolorosa, por ejemplo, cuando no se siente nada frente a un hijo, un enfermo o un muerto, por lo tanto, valoraremos en qué casos es necesario pronunciarla.

5. FRASES SANADORAS Y PROCEDIMIENTOS ESPECÍFICOS (RITUALES)

En términos generales podemos decir que las autoconstelaciones se resuelven mediante tres procedimientos:

1. Frases sanadoras
2. Procedimientos específicos (rituales)
3. Movimientos

Frases sanadoras

La herramienta por excelencia para provocar cambios dentro de esta metodología consistirá en pronunciar frases sanadoras, también llamadas *curativas o liberadoras*.

De la extensa bibliografía de Bert Hellinger y de otros autores, pueden rescatarse las que frecuentemente se utilizan al constelar.

Si bien contamos con frases establecidas, muchas de ellas deberán ser adaptadas según la situación.

Puede que en la práctica no encontremos frases adecuadas al asunto particular que estemos tratando, entonces utilizaremos las mismas palabras que respondimos en el ítem anterior, «SENSACIONES», a la pregunta:

14. ¿Qué siente cada uno de los representantes?

Las respuestas las expresaremos como si fuesen afirmaciones en primera persona convirtiéndolas así en frases sanadoras: «Tengo mucha rabia si te tengo cerca», «me entristece que estés tan lejos», «me gustaría que te quedaras conmigo», «siento escalofrío», «me duele la cabeza», «quiero irme hacia atrás», «tengo ganas de abrazarla», «veo que ella no te quiere cerca».

La manera de transmitir las frases sanadoras variará según los problemas y el tipo de interlocutor.

No serán las mismas frases las que se dirán a un niño que a un adulto, a un padre que a la pareja, ni a un representante de una persona que al de una cosa.

No nos dirigiremos de la misma manera a un agresor que a una madre que perdió a un hijo, ni a un hombre que desvaloriza a sus padres que a un niño que sufrió un abandono.

Por lo tanto, en ocasiones diremos las frases con dulzura y suavidad, mientras que en otras, las pronunciaremos con tenacidad y en voz más alta.

En todos los casos, las preguntas que nos haremos, serán: ¿La frase que se ha utilizado es la más conveniente?, ¿ha provocado algún cambio?, ¿qué palabra se debe cambiar?

Nos daremos cuenta de que la frase ha sido sanadora cuando provoque una reacción que nos permita encontrarnos mejor y nos ayude a hacer algún otro cambio.

En casi todas las constelaciones que se practican, el indicador por excelencia de que la frase sanadora ha llegado al corazón es una exhalación profunda.

Procedimientos específicos (rituales)

Otras herramientas para provocar cambios son ciertos pasos estipulados a los que se les ha dado el nombre de *rituales*.

Es importante aclarar que la denominación de ritual que aquí se utiliza no se refiere al aspecto religioso, sino a las cualidades de solemnidad, dignidad y seriedad que llevan implícitos tales procedimientos.

En el capítulo 4, «Mapa de Constelaciones Familiares», se explicarán detalladamente cómo llevar a cabo algunos de estos rituales y qué frases sanadoras son las más adecuadas según el tema que se vaya a tratar.

6. MOVIMIENTOS

Por movimientos entendemos los pasos que esperamos que se den después de decir una frase sanadora o de realizar un procedimiento específico (ritual).

Son procesos de cambios que nos ayudarán a alcanzar aquello que buscamos (el objetivo, la demanda).

Estos movimientos pueden ser **físicos**, como por ejemplo, cambiar de lugar a un muñeco, darle la vuelta, acostarlo, sacarlo de la constelación, incluir a un excluido o agregar algo que falte en el sistema. Debemos tener presente que los movimientos físicos siempre se realizan dentro de una dimensión espaciotemporal dividida en tres franjas paralelas y dos franjas transversales.

Atrás estaría el PASADO, en la franja del medio se encontraría el PRESENTE, y delante, el FUTURO.

A su vez, siguiendo las teorías de Visualización Creativa y métodos de Concentración Mental, a nuestra mano izquierda se encontraría el PASADO y a la derecha, el FUTURO.

El esquema resultaría de esta manera:

PASADO

PASADO ——— PRESENTE ——— FUTURO

FUTURO

Esta escenificación nos permitirá determinar en qué lugar se sitúan cada uno de los representantes, en especial, los que corresponden a los excluidos y a uno mismo.

El análisis espaciotemporal aquí planteado permite interpretar qué lugar ocupamos con respecto a los miembros de nuestro sistema y de qué manera nos orientamos hacia la vida.

Teniendo en cuenta la ubicación, las posturas y las miradas de los representantes, podremos revisar hacia dónde se dirige el alma de cada uno de ellos. Es posible que permanezcan anclados en el pasado, tal vez necesiten mirar al futuro o quizás ninguno pueda «poner los pies en el presente».

Los movimientos también pueden expresarse en **palabras**: «Te necesito», «me das miedo», «quiero irme».

Por último, pueden manifestarse mediante **emociones**: tener necesidad de que los representantes se abracen, buscar ayuda en los ancestros, respirar profundamente, tener ganas de llorar o encontrarse más aliviados.

Siempre que se manifiesten movimientos de tipo físico, los intentaremos llevar a cabo:

- Acercar o alejar a un representante.
- Quitar a un representante del Campo de conocimiento.
- Traer a un nuevo representante al sistema.

Siempre que se manifiesten movimientos de tipo emocional, trataremos de ponerlos en palabras como frases sanadoras: «Tengo ganas de acercarme», «siento mucha tristeza cuando te miro», «necesito dejar adelgazar», «ahora quiero mirar».

Siempre que aparezcan movimientos de tipo emocional, buscaremos un representante para el síntoma. De esta manera, aquello que duele será puesto en escena para que lo podamos ver claramente y ser mostrado ante la conciencia del sistema.

Cuando encontremos un representante que tenga una emoción negativa, preguntaremos: «¿Y qué necesitaría este representante para sentirse mejor? Entonces, le pondremos los recursos que hagan falta, por ejemplo, a sus padres, abuelos, ancestros, una pareja, ayuda espiritual, valores positivos, confianza, amor, salud, fuerza, dinero, etc. De la misma manera, cuando algún representante quiera cambiar de lugar o quiera irse, permitiremos que así lo haga, y cuando alguien quiera decir algo, lo animaremos a que pueda expresarlo. No nos conformaremos con un solo movimiento, aunque creamos que hemos llegado a la solución.

Después de las frases sanadoras, rituales o cualquier otra intervención estratégica, intentaremos revisar si hacen falta más cambios. Para hacer estas comprobaciones, realizaremos las siguientes preguntas:

15. Revisando el Orden de Jerarquía. *¿Algo o alguien quiere cambiar de lugar?*

Preguntaremos por *algo* y también por *alguien* para no influenciar la respuesta y dar la posibilidad de contemplar ampliamente las diversas opciones.

Es muy importante que el lugar en el que se ubique a los representantes sea el mejor lugar para cada uno de ellos.

16. Revisando el Orden de Pertenencia. *¿Algo o alguien falta en esta imagen?*

Una vez que los cambios de lugar se hayan producido, pasaremos a buscar aquello que falta.

Generalmente, cuando lo que falta es una persona, hablamos del excluido de la familia: desaparecido, abandonado, repudiado, olvidado, maltratado o criticado.

En muchas ocasiones, lo que falta no hace referencia a los excluidos, sino a recursos que se necesitan para solucionar problemas.

Estos recursos pueden ser algo concreto como dinero, un trabajo estable, una buena pareja, o bien algo más abstracto como seguridad, autoestima, alegría, salud, paz o ayuda espiritual.

Para estos aspectos, me valdré de los representantes, pero también tendré la opción de utilizar otros objetos simbólicos de mi material auxiliar: piedras o minerales curativos, imágenes religiosas, talismanes, etc.

17. Revisando el Orden del Dar y Tomar. ¿Algo o alguien tiene necesidad de decir algo más? ¿Están todos dando y tomando de manera equilibrada?

Es necesario que el Orden del Dar y el Tomar pueda fluir armónicamente y transmitirse a través de la imagen formada en la constelación.

El no poder expresar lo que se siente, el quedarse con cosas por decir, crea secretos y bloquea emociones reprimidas que luego se traducen en síntomas.

A fin de provocar movimientos sanadores que mantengan un equilibrio en este sentido, seguiremos ciertas reglas:

1. *Cada vez que con un muñeco exprese algo a otro, revisaremos cómo se siente el interlocutor al recibir el mensaje.* Por ejemplo, si el representante de nuestra pareja necesita decirnos: «Ya no te quiero», revisaremos cómo se siente nuestro representante al escuchar eso.

2. *Cada vez que aparezca un síntoma, elegiremos a un muñeco para que lo represente.* Más adelante y siguiendo el protocolo, intentaremos descubrir a quién representa el síntoma (una persona, un objeto o situación, hombre o mujer, mayor, mediana edad, adolescente o niño, vivo o muerto, etc. y quién de mis ancestros o familiares sufrió o sufre algo parecido).

3. *Cada vez que se necesite contar con una fuerza sanadora para dejar aquello que no corresponda o para ayudar en lo que haga falta, se honrará y se darán las gracias.*

Cuando se hayan colocado a los excluidos o a los recursos necesarios en el lugar que les corresponda, se realizará el ritual de *Dar la honra y agradecimiento*. Para ampliar cómo se realiza este ritual y otros procedimientos sanadores, se sugiere la lectura del libro: *Nuevas mira-*

das en constelaciones familiares. Cómo aplicar Constelaciones Familiares según los diferentes temas.

El ritual de Dar la honra y agradecimiento es uno de los más importantes junto con el de Tomar a los padres.

Una vez realizados estos pasos, habrá que revisar nuevamente cómo se sienten los representantes y el espectador, y si hay que continuar efectuando algún otro movimiento.

Es decir que cada vez que se produzca un movimiento, ya sea la colocación de un recurso, cambio de sitio de algún representante o la expresión de algo que se tenía que decir, volveremos al comienzo del protocolo (punto 3. OBSERVACIÓN) para revisar qué ha cambiado en la imagen original y cómo se encuentran ahora los representantes.

Si nos queda claro el procedimiento de que, cada vez que se exprese una frase sanadora, hayamos realizado un ritual o producido algún movimiento, debemos volver al punto 3, «OBSERVACIÓN»; entonces habremos comprendido en qué consiste la aplicación del método de las Constelaciones Familiares individuales que se propone en este manual.

El camino que se debe seguir sería el siguiente:

3. Observación —— 4. Sensaciones —— 5. Frases sanadoras o Procedimientos específicos —— 6. Movimientos —— 3. Observación —— 4. Sensaciones —— 5. Frases sanadoras o Procedimientos específicos —— 6. Movimientos

¿Hasta cuándo se volverán a realizar una y otra vez estos pasos? En las autoconstelaciones buscamos que todos los miembros de un sistema estén en el sitio que les corresponde, que en ese sitio se sientan bien y que hayan dicho todo lo que necesiten expresar. Mientras haya algún representante que manifieste sensaciones negativas, que no se encuentre en el lugar que le corresponde dentro del sistema o que aún necesite decir algo, la constelación no estará concluida.

Por lo tanto, la respuesta a la pregunta anterior, será: «Hasta que se alcance la solución final».

7. SOLUCIÓN FINAL

Al principio de este capítulo dijimos que la primera imagen que se forma en el espacio de la constelación es como una réplica de la visualización interna que se tiene del problema. Al retocar dicha imagen, siguiendo el protocolo, recreamos una nueva. A esta última y definitiva imagen la denominamos «imagen de solución». Las intervenciones que efectuamos en las autoconstelaciones generan un cambio en la experiencia vital que se proyecta en una nueva imagen de la constelación.

Cuando no necesitemos realizar más movimientos, habremos llegado a la imagen de solución final.

Recordaremos que se entiende por movimientos a todos los cambios de lugar de los representantes, colocación de algo o alguien más que falte, expresión de frases sanadoras o realización de algún ritual.

En esta etapa del protocolo, las preguntas que se formularán serán:

18. ¿Se encuentran todos los representantes en el sitio más correcto para cada uno de ellos?

Se debe revisar que todos estén en el sitio que les corresponde y que nada ni nadie más necesite cambiar de lugar.

19. ¿Se sienten todos bien?

Corroboraremos que todos los representantes se encuentren bien y en armonía.

Buscaremos buenas sensaciones, pero ¿cómo sabremos que un muñeco o el objeto simbólico utilizado se encuentra en paz?

Lo sabremos por las sensaciones y expresiones.

Es posible que realicemos un profundo suspiro, que manifestemos un gran alivio o nos emocionemos de alegría.

Los sentimientos de comprensión, reconocimiento, aceptación, respeto, tranquilidad o paz serán algunos de los indicativos de que se habrá llegado a la solución final.

20. ¿Están todos dando y recibiendo de manera equilibrada?

En el caso de que todos estén en su sitio y se sientan bien, comprobaremos si lo que se da y entrega entre ellos se hace o puede llegar a hacerse con respeto y equilibrio.

21. ¿La imagen de solución final responde a lo que necesitaba solucionar?

En este último ítem cotejaremos si la solución alcanzada responde a lo que buscábamos.

Esperamos que la solución final concuerde con aquello que esperábamos encontrar, pero en algunos casos, no sucede de esa manera. El ansiado «final feliz» se convierte en un futuro cambiado, puede que opuesto a lo que deseábamos, quizás hasta totalmente inesperado o desconocido.

Aún así, debemos aceptar la solución y tratar de integrarla en nuestra vida, confiar que, con el tiempo, produzca el efecto que necesitamos.

22. ¿Es una imagen completa?

La imagen de solución puede ser incompleta o dar la sensación de estar inacabada, ya que aquello que falta puede no estar presente todavía en la vida. Ejemplos: Una madre con una hija que está embarazada, un adolescente que aún no decide su futuro o una pareja con un proyecto que prevé alcanzar a largo plazo. En estos casos, a pesar de que la imagen de solución sea incompleta, podremos dar por finalizada la autoconstelación.

23. ¿Es una imagen estática o en movimiento?

Es posible que la imagen final de la autoconstelación muestre a algún representante dirigiéndose hacia un lugar como una próxima pareja, un nuevo trabajo o un destino mejor. A esto le llamamos imagen en movimiento.

Otros ejemplos de imágenes finales en movimiento son cuando alguien necesita salir del sistema, una pareja forma una nueva familia fuera de la de origen, un hijo se aleja o un éxito está llegando.

Mientras las imágenes estáticas nos hablan de soluciones que generalmente se pueden encontrar en el presente o a corto plazo, las imágenes en movimiento expresan soluciones para alcanzar en más tiempo.

24. En caso de ser una imagen en movimiento, ¿hacia dónde va?

Es importante tener presente hacia dónde iría nuestro representante cuando finaliza la autoconstelación. Para ello, podemos poner a un objeto o representante en el punto más lejano dentro del escenario, simbolizando aquel lugar hacia donde se dirija.

25. El sitio hacia donde se dirige el movimiento, ¿es un lugar positivo o negativo para el representante?

El punto que representa el destino a alcanzar puede ser bueno o malo, como la vida o la muerte, el éxito o el fracaso, una nueva pareja o un examor imposible, abundancia económica o dificultades con el dinero.

En caso de ser lugares negativos, tomaré en cuenta la posibilidad de tener que seguir constelando.

Ejemplo de esto último, es la autoconstelación para pedir un aumento de sueldo en el que la imagen final terminaba con un jefe que se negaba a pagar más dinero y el consultante dirigiéndose hacia otro trabajo mejor.

26. ¿Qué sensación genera la visión del escenario final?

Al llegar a la solución final tendremos otras sensaciones, distintas a las que tuvimos al comienzo de la autoconstelación.

Analizar las diferencias entre la primera y última imagen y tomar consciencia de lo que se siente frente al nuevo orden puede ayudar a que la solución mostrada genere cambios posteriores en nuestro sistema.

No hace falta explicar nada. Se trata de observar, tomar consciencia y sentir para poder, finalmente, integrar.

27. ¿De dónde ha provenido la fuerza para resolver la autoconstelación?

Revisaremos qué recurso o representante es quien ofrece la ayuda para resolver la autoconstelación.

Descubrir esa fuerza es una manera de asentir a aquello que proviene generalmente desde más atrás: padres, ancestros, muertos y excluidos, que pugnan por colaborar en alcanzar la solución.

A veces esas fuerzas sanadoras provienen del futuro, ya sea un hijo, la nueva pareja o de un anhelo espiritual, como la ayuda otorgada por un ser superior.

En cualquier caso, reconocer esa fuerza es una manera de honrarla y dignificarla, otorgándole así un lugar en el alma y teniéndola presente. Recordemos: habremos llegado al final de la aplicación del protocolo, cuando no necesitemos o no se puedan realizar más movimientos.

8. CIERRE

Cuando se alcanza la solución final, debemos realizar algunos pasos:

1. Mirar y tomar consciencia de la nueva imagen que se ha generado.
2. Interiorizar la imagen dejándola descansar en el alma.
3. Preguntarnos qué queremos hacer a partir de ahora con esa información.
4. Actuar en consecuencia.

Para realizar el primero, segundo y tercer paso, tomaremos una foto de la constelación.

Para realizar el cuarto paso, seguiremos las indicaciones que consideremos necesarias.

Foto

Para terminar, tomamos una foto de la solución final de la autoconstelación.

La foto nos permitirá tener presente la imagen a la hora de meditar sobre ella. Dicha imagen deberá dejarse reposar en el alma, por lo tanto, no se requerirá de una elaboración mental, sino de una comprensión del corazón.

Esta figura metafórica guarda un importante significado que nos recuerda dejar de lado toda interpretación y aceptar lo que se muestra tal cual es.

Con el fin de ayudar a que la última imagen de solución sea introyectada, intentaremos recordarla la mayor cantidad de veces al día, en especial antes de irnos a dormir, apoyando la visualización con las últimas frases sanadoras que podrán haberse grabado.

No nos conformamos con esperar resultados. Buscamos buenas sensaciones y confiamos en que el recuerdo de la imagen de solución final nos las traiga así.

Indicaciones

Finalizada la autoconstelación, podemos determinar el próximo tema que vamos a autoconstelar según el Mapa de Constelaciones Familiares o proceso terapéutico que se esté siguiendo, realizar una meditación o ritual específico, o cualquier otra sugerencia u orientación que consideremos importante.

AUTOCONSTELACIONES

–PROTOCOLO–

1. APERTURA

1. *¿Cuál es el tema que se va a tratar?*

- Centrado en lo que preocupa al consultante
- Expresado en una o dos palabras o en una frase corta
- Sin críticas ni desvalorizaciones

2. *¿Si esto fuera posible, qué quiero lograr respecto al problema?*

- Claro y concreto
- Formulado uno solo cada vez
- Posible de alcanzar mediante la técnica
- Centrado en la propia persona
- Referido a uno mismo, a un descendiente o a alguien del mismo nivel o inferior

3. *¿Cómo me daré cuenta de los resultados de la constelación?*

- Buscamos la emoción

2. REPRESENTANTES

- Elección de representantes según el tema

3. OBSERVACIÓN

4. *¿Qué siento al ver esta imagen?*

5. *¿Me dice algo el tamaño que tienen los representantes elegidos?*

6. *¿Qué formas geométricas se han creado?*
   - Triángulos
   - Líneas rectas
   - Representantes enfrentados
   - Representantes dando la espalda
   - Círculos
   - Cuadrados
   - Falta de alineación o composición desordenada

7. *¿La ubicación que tienen los representantes es fija y estable?*

8. *¿Qué distancia hay entre los representantes?*

9. *¿Algo o alguien queda fuera del grupo?*

10. *¿En qué lugar se ubican los representantes masculinos y femeninos?*

11. *¿Por qué están colocados de esta manera?*

12. *¿Hacia dónde miran cada uno de ellos?*
    - Mirar a lo lejos
    - Mirar hacia atrás
    - Mirar hacia adelante
    - Mirar al suelo
    - No poder mirar a los ojos

13. *Si imagino a los representantes como una familia, ¿qué me llama la atención?*

4. SENSACIONES
   - Con una sola mano
   - Uno cada vez
   - Sin moverlos de lugar

— Sin taparles la cara

— Sintiendo con los ojos abiertos

14.   *¿Qué sienten cada uno de los representantes?*

5. **FRASES SANADORAS Y PROCEDIMIENTOS ESPECÍFICOS (rituales)**
    — Frases sanadoras
    — Rituales

6. **MOVIMIENTOS**

    15.   *¿Algo o alguien quiere cambiar de lugar?* *(Respetamos el Orden de Jerarquía)*

    16.   *¿Algo o alguien falta en esta imagen?* *(Respetamos el Orden de Pertenencia)*

    17.   *¿Algo o alguien tiene necesidad de decir algo más? ¿Están todos dando y tomando de manera equilibrada?* *(Respetamos el Orden del Dar y el Tomar)*

7. **SOLUCIÓN FINAL**

    18.   *¿Se encuentran todos los representantes en el sitio más correcto para ellos?*

    19.   *¿Se sienten todos bien?*

    20.   *¿Están todos dando y recibiendo de manera equilibrada?*

    21.   *¿La imagen de solución final, responde a lo que necesitaba solucionar?*

    22.   *¿Es una imagen completa?*

    23.   *¿Es una imagen estática o en movimiento?*

24. *En caso de ser en movimiento, ¿hacia dónde va?*

25. *El sitio hacia donde se dirige el movimiento, ¿es un lugar positivo o negativo para el representante?*

26. *¿Qué sensación genera la visión del escenario final?*

27. *¿De dónde ha provenido la fuerza para resolver la autoconstelación?*

8. CIERRE
- Foto final
- Indicaciones

AUTOCONSTELACIONES

–FICHA DE SEGUIMIENTO–

1. Tema tratado según el Mapa de Constelaciones Familiares

....

2   Objetivo de la autoconstelación

....

3. Movimientos que hay que destacar

....

....

....

4. Solución final encontrada. Subraya   SÍ   NO

5. Representante que ha otorgado la fuerza para la resolución

....

....

....

6. Descripción de la foto final

....

....

....

....

....

7. Recomendaciones futuras

....

....

....64...

Nombre y apellidos del consultante

....

Lugar ....

Fecha de la autoconstelación ....

CAPÍTULO 2

Constelaciones familiares individuales

«Alejandra,
quería agradecerte la constelación de ayer.
¡Sentir que todas las mujeres de mi familia estaban detrás
de mí apoyándome fue muy emocionante y revelador!».

INTRODUCCIÓN

Características de las Constelaciones Familiares individuales

Las Constelaciones Familiares individuales constituyen hoy en día una de las herramientas más idóneas para utilizar en consulta individual y a través de Internet.

Es una técnica de trabajo que se realiza entre un consultante y un terapeuta especializado en Constelaciones Familiares individuales, para resolver los mismos temas que se tratarían en un taller grupal, aunque con algunas diferencias.

En primer lugar, la atención del constelador está centrada en el consultante, en el problema que se va a tratar y en las vivencias del propio constelador, mientras que cuando se trabaja en grupo hay otros factores a los que atender, entre ellos, las manifestaciones emocionales o físicas que muestran cada uno de los representantes que constelan y las de los participantes que se encuentran sentados alrededor.

En segundo lugar, la relación tan estrecha que se establece en una constelación individual es óptima para que sea el constelador quien sienta a través de él mismo qué es lo que ocurre en el sistema del consultante, a diferencia de lo que sucede en un taller grupal en el que los sentimientos y necesidades se expresan a través de los representantes.

El papel del terapeuta en Constelaciones Familiares individuales

Un terapeuta experimentado se verá capaz de analizar todas las expresiones y movimientos que se realicen en la sesión, sin embargo, sabrá contenerse antes de ofrecer una interpretación sin haberla corroborado con la persona que constela. Así, y basándose en sus conocimientos sobre la técnica, podrá abrirse a la percepción y guiar a su consultante en cada paso de la constelación. El papel del terapeuta en Constelaciones Familiares individuales implica un compromiso de energía vital mayor que el que se entrega en las Constelaciones Familiares grupales.

Toda la atención, concentración y disposición intuitiva deberán estar al servicio de la persona que constela.

El terapeuta sentirá lo que sufre o necesita cada uno de los personajes como si fuera un integrante de un grupo que va asumiendo distintos papeles. Ante cada uno de los roles, tendrá sensaciones diferentes que podrá experimentar a través de su propio cuerpo. Aun cuando está viviendo esas emociones, que no serán las suyas, tendrá que ser capaz de salir de ellas para mirar más allá y sacar conclusiones.

Material de trabajo

En las Constelaciones Familiares individuales no se trabaja con personas, sino con objetos que las representan.

Algunos de estos materiales pueden ser fichas, plantillas y almohadones.

Personalmente, utilizo muñecos de terracota, réplicas de los guerreros de Xi´An, creados hace más de 2.000 años y que hoy son considerados Patrimonio de la Humanidad.

Elijo dicho material porque expresa, a través de su simbolismo y estética, una energía especial que encaja perfectamente con lo que se busca en esta terapia: encontrar las fuerzas sanadoras que permitan realizar cambios.

No en vano se describe a los guerreros de Xi´An como centinelas de la eternidad, pues guarda y conserva de manera perpetua aquello que viene de atrás.

Este material sirve además para trabajar con niños y adultos, ya que permite, tanto a uno como a otros, identificarse plenamente con los personajes.

Material de trabajo auxiliar

Como kit de trabajo, hay otros objetos simbólicos que pueden ser necesarios a la hora de constelar:

- Para abortos y temas relacionados con la maternidad: muñecos pequeños de bebés.
- Para abundancia, dinero y éxito en la vida: fotocopias de dinero, chequera, tarjetas de crédito.
- Para herencias, alquiler y venta de propiedades: cartel de venta o se vende, cartel de alquiler o se alquila, escrituras de compraventa, testamentos, planos de propiedades, péndulo.
- Para adicciones y destinos difíciles: lazos, cuerdas, una tijera, un cúter, un abrecartas o alguna herramienta de tamaño pequeño que represente algo cortante.
- Para secretos familiares: un cofre, piedra, «comecocos» o adivinador de papel.
- Para representar a alguien fallecido: una cajita, una cruz.

– Para asuntos espirituales: minerales, pirámides de cuarzo, figuras religiosas, talismanes.

– Para tomar consciencia de los logros del consultante: trofeos pequeños, piedras de colores.

Presentación del material de trabajo

Al trabajar en consulta tendremos todo el material colocado a un costado a fin de que el consultante pueda seleccionarlo rápidamente. Para ello, se recomienda contar con una mesa amplia que permita disponer de un espacio diáfano para constelar.

Es muy importante tener la mesa vacía sin ningún otro elemento que distraiga la atención, teniendo en cuenta que cualquier objeto a la vista puede pasar a formar parte de la constelación.

Si nos decidimos por la modalidad online, mostraremos a los muñecos en su caja original, otorgándoles a cada uno un número para que sea más fácil la selección.

Aplicación en niños y adolescentes

El trabajo con niños o adolescentes en consulta individual es sumamente gratificante.

Los niños se sienten muy cómodos constelando con muñecos y comprenden rápidamente las consignas. Es fascinante la facilidad que tienen para elegir a los representantes y la habilidad con la que casi resuelven por ellos mismos sus asuntos.

Para los niños, las Constelaciones Familiares son como un juego y en el caso de los adolescentes que adquieren el material, se acostumbran a constelar por sí mismos sus temas con bastante asiduidad. Las constelaciones en niños y adolescentes suelen ser cortas porque la capacidad de atención es más limitada. En general, suelen durar entre veinte y treinta minutos.

Aplicación en las Constelaciones Espejo

Existe un tipo de constelaciones al que he denominado *Constelaciones Espejo* porque al crearse forman estructuras parecidas a un reflejo.

Ante este tipo de construcciones resulta muy útil colocar un espejo pequeño de pie frente a los muñecos para que el consultante pueda constatar que aquello que se refleja es similar a lo que se observa en otro lugar del campo de la constelación.

El objetivo es que se tome consciencia de la doble imagen que el inconsciente ha proyectado y llegar, con la ayuda del constelador, a entender su significado.

A través de la experiencia en consulta, he podido constatar que esta modalidad sistémica tiene características específicas que se repiten en determinadas personas.

Su formación no es arbitraria y al interpretarlas, podemos obtener valiosos datos sobre secretos familiares, traumas muy profundos y aspectos inconscientes que se deben tratar.

El material de los guerreros de Xi´An que utilizo para aplicar Constelaciones Familiares individuales resulta idóneo para poder encontrar estas estructuras en espejo. La caja de treinta y dos piezas contiene varios muñecos parecidos, y algunos de ellos, iguales en tamaño, postura y color.

Cabe señalar que las Constelaciones Espejo se descubren buscando formaciones similares, por lo tanto, tendremos que prestar atención a todos estos detalles para saber detectarlas. Los procedimientos que hay que efectuar en este tipo de constelaciones se hallan descritos en el libro: *Nuevas miradas en constelaciones familiares. Cómo aplicar constelaciones familiares según los diferentes temas,* de Alejandra Mitnik, autoedición.

Recomendación de aplicación en consulta individual

Recomiendo constelar individualmente en los siguientes casos:

— Al trabajar con niños y adolescentes, si el consultante no tiene claro qué constelar.
— Cuando se necesita tiempo para un diagnóstico de un problema determinado.

– Cuando se requiere mantener el tema que se va a tratar en estricta confidencialidad.

– Si se tiene urgencia por resolver un problema y no es posible asistir a un taller.

– Al haber constelado en grupo y quedar algún aspecto particular por resolver.

– Cuando en el análisis del paciente se está siguiendo el Mapa de Constelaciones Familiares.

Consideraciones importantes a la hora de realizar una constelación familiar individual

En las Constelaciones Familiares individuales, la percepción del Campo de conocimiento de cada representante pasa por el consultante al mismo tiempo que por el terapeuta.

Recordemos que el Campo de conocimiento hace referencia al espacio en el que se desarrolla la constelación y en el que se reciben las informaciones. Este campo permite el acceso a hechos, secretos familiares y sentimientos de los miembros del sistema, aunque no estén presentes o sean desconocidos.

Cuando un constelador se especializa en la modalidad de consulta individual o por Internet, debe aprender a cuidar su sistema energético. Una forma de hacerlo es limpiándose y protegiéndose periódicamente con la terapia del Péndulo Hebreo.

En mi segundo libro *Manual del péndulo hebreo*, Ediciones Obelisco, hay un capítulo dedicado a la autoaplicación para que la técnica pueda ser realizada fácilmente por uno mismo, y otro capítulo para aprender a aplicar la técnica en otras personas.

Contacto con el consultante

En las Constelaciones Familiares individuales la comunicación del terapeuta se transmite a través de la palabra, los gestos y la mirada. En general, debe mantenerse una *distancia óptima*, concepto tomado de la Psicología social, que se relaciona con el lugar prudencial en el que debe permanecer el terapeuta con respecto a lo que le sucede al paciente. De no ser así, pueden ocurrir dos cosas: o la cercanía es tan invasiva que el terapeuta puede quedar atrapado por el problema del paciente, perdiendo así objetividad en sus interpretaciones o llevándose posteriormente algo del problema a su vida personal, o la lejanía es tan grande que el terapeuta no logra tener la empatía necesaria para escuchar, acompañar e interpretar.

Contacto con los muñecos

En las Constelaciones Familiares individuales, el terapeuta no deberá tocar a los muñecos elegidos por el consultante para que no sean colocados o movidos por influencia del constelador. Sin embargo, habrá situaciones excepcionales en los que el terapeuta se verá obligado a manipularlos, por ejemplo:

- Cuando queda poco tiempo para finalizar la sesión, y el consultante aún tiene dificultades para elegir otro representante y no se decide, no le gusta a ninguno, no encuentra un muñeco que se le parezca al que tiene que colocar, etc.
- Cuando alguno de los muñecos esté mirando hacia un lugar determinado y sea necesario colocar algo que esté en ese punto de mira.

Siguiendo esta premisa, el constelador no guardará a los muñecos en la caja al final de la sesión. Será el consultante quien tendrá que despedirse de la imagen final de su constelación y tomar en cuenta los pasos que le esperan después de que esa imagen sea disuelta.

Para realizar este procedimiento, el constelador deberá decirle a su cliente: «¿Te parece bien que guardes ahora los muñecos en la caja?» Esta pregunta será modificada cuando la consulta se realice por Internet y será: «¿Te parece bien que guarde ahora los muñecos de tu constelación en la caja?».

Duración de una constelación familiar individual

La duración de una constelación individual puede ir desde treinta minutos a una hora y media, dependiendo del caso y del consultante. Algunos factores que influirán en la duración de la sesión pueden ser:

- Si el tema que se va a tratar implica a otras personas de su sistema familiar.
- Si el problema viene del pasado.
- Si las consecuencias de lo que le ocurre afectan a más personas.
- Si el consultante cuenta con experiencias en la técnica o nunca ha constelado.

Finalización de una constelación familiar individual

Una constelación finaliza cuando todos los representantes se encuentran bien, han podido expresar todo lo que tenían que decir y sienten que en el lugar en el que están ubicados en relación a los otros, son reconocidos y apreciados. Allí, cada uno recupera su autoestima, asumiendo lo que le corresponde, centrándose en sí mismo, sin interferir en los ámbitos de los demás.

Al mirar al conjunto de la imagen formada, a la que en esta terapia se denomina *imagen de solución final*, se percibe un orden sistémico que conmueve y tranquiliza.

En definitiva, la tarea del constelador en una constelación familiar individual es acompañar al consultante a erigir una imagen sanadora en la que pueda reconocerse y asentarse, como cuando miras una foto de tu infancia y sabes que parte de tu ser ha quedado ahí. En las constelaciones reconstruimos a esa parte del alma y le damos un nuevo destino.

Puede que, a pesar del esfuerzo y dedicación, no se llegue a esta situación de orden y tengamos que poner punto final al trabajo individual.

Veamos algunos casos:

Consultante

Sugiero finalizar la constelación cuando el consultante se encuentre muy agresivo o no acepte, bajo ningún punto de vista, lo que se muestra en el desarrollo de la misma. En estos casos es mejor esperar y dejar la constelación para otro momento.

Terapeuta / constelador

Se debe poner fin al trabajo cuando el terapeuta se haya bloqueado. Algunas de las preguntas que surgen ante una situación de bloqueo son: ¿Qué significa esto que se muestra?, ¿cómo dirijo aquello que se ha estancado aquí?, ¿de qué manera continúo este proceso?, ¿por dónde encuentro la ayuda para esta persona?, ¿por qué me siento perdido y aturdido?

Los bloqueos pueden venir por *factores internos* del terapeuta, como por ejemplo:

— Problemas físicos: cansancio, agotamiento, dolores musculares, de cabeza o síntomas diversos.
— Problemas emocionales: situaciones especiales de su vida que lo distraigan del trabajo, como estar viviendo un duelo, hallarse inmerso en una separación difícil o tener una preocupación por un allegado.

También puede suceder que el terapeuta se bloquee por *factores externos* que no tienen que ver con él pero sí con el aprendizaje que debe realizar el consultante. La imagen de estancamiento que se observa en la constelación afecta al terapeuta que no puede ayudar a avanzar ni a generar ningún otro cambio. Una interpretación factible ante este hecho es que esa imagen representa la realidad que al paciente le toca vivir en esos momentos con respecto al problema, una realidad que no da para más. Admitir esta imposibilidad de avanzar por parte del terapeuta y comunicárselo al consultante puede desencadenar en el interior de este último un proceso de cambio curativo.

A veces, no nos entusiasma encontrarnos con determinadas situaciones porque deseamos finales mejores, pero aún así, de esos finales dolorosos, no tan amorosos, no tan esperados, el consultante puede encontrar un mensaje positivo para él.

Observación de los resultados

Los resultados de una constelación individual se podrán observar inmediatamente o a lo largo de los días siguientes. En caso de no ser así, sugiero volver a constelar porque pueden haber surgido otros aspectos que antes no aparecieron y ahora se hace necesario revisar.

Alcance de las Constelaciones Familiares individuales

La constelación familiar individual está indicada como herramienta dentro de un proceso terapéutico.

Cuando el consultante realiza su camino de crecimiento personal a través de las Constelaciones Familiares individuales, aconsejo colocar un muñeco para cada uno de los logros que va obteniendo a lo largo de las sesiones. Trofeos pequeños, piedras de colores o pirámides pueden ser elementos adecuados para representar los logros. Los objetivos serán la toma de consciencia, el crecimiento personal, el fluir del amor y la mejora de las relaciones entre los miembros de una familia, así como el poder cortar con destinos difíciles que se vienen llevando de generación en generación y el liberar a los descendientes para que no sigan repitiendo.

Ante estos objetivos tan complejos y profundos, los tiempos de tratamientos dependerán de cada individuo.

Las Constelaciones Familiares individuales pueden afectar no sólo al consultante, sino también a otros miembros del sistema.

Recordemos: cada vez que se constela, algo se ordena dentro del alma del consultante, por lo tanto, algo se ordena también fuera.

Objetivo final de las Constelaciones Familiares individuales

Lo que buscamos con las Constelaciones Familiares individuales, es ayudar a nuestros consultantes a:

- Ser conscientes de aquello que está en su interior impidiéndoles ser felices y lograr sus propósitos.
- Darse cuenta de lo que pasa en sus vidas y por qué les pasa.
- Conectar con sus sentimientos más profundos.
- Revisar si lo que cargan a sus espaldas lo llevan porque es suyo, lo han generado en esta vida o viene desde más lejos.

— Tomar la fuerza necesaria para que aquello que ya no sirve para el crecimiento personal ni les sirve a los descendientes puedan dejarlo atrás, agradeciendo lo enseñado y el tiempo dedicado.
— Prepararse para honrar todo lo nuevo y bueno que les espera a ellos y a los que dependen de ellos.
— Tomar la vida y seguir sus propios caminos.

El objetivo final de las Constelaciones Familiares individuales es que nuestros consultantes puedan alcanzar las soluciones por ellos mismos.

En mi primer libro, *Sanadores, un camino alternativo,* Ediciones Obelisco, la sanadora Isabel nos dice: «Si alguien quiere ayudarte y no te enseña a buscar dentro de ti, no te está ayudando verdaderamente».

La obra nos muestra la importancia de poder sanarnos a nosotros mismos y, en este sentido, las Constelaciones Familiares individuales son de gran utilidad.

REFLEXIONES

«¿Pueden las Constelaciones Familiares individuales con muñecos ayudar en los cambios de las personas?»

En el momento de escribir este libro, llevo más de diez años apoyando mi trabajo terapéutico con los muñecos que representan a los guerreros de Xi´An, formando a cientos de alumnos en base al protocolo que he creado y constatando cómo cada uno de los que han recibido una constelación individual ha podido dar algún pequeño o gran paso en su vida.

La experiencia me ha mostrado cuáles son los traumas que más hondo calan en el corazón de las personas y de qué manera las constelaciones familiares pueden ofrecer una visión constructiva para llevar el sufrimiento.

La controversia de si un trauma se supera o camina con uno para toda la vida es un tema que siempre me ha preocupado como psicóloga porque su abordaje determina, en cierta manera, hacia dónde acompañamos a nuestros pacientes: hacia la transformación continua o hacia la resolución definitiva.

Mi conclusión es que las Constelaciones Familiares individuales con muñecos colaboran en ambos procesos, actuando sobre tres aspectos fundamentales:

1. Lo que pesa (destinos difíciles, vinculaciones con ancestros, lealtades invisibles, excluidos).
2. Lo que falta (traumas, carencias, limitaciones).
3. Lo que bloquea (emociones negativas).

1. LO QUE PESA

A través del trabajo con muñecos, he visto una y otra vez cómo las «mochilas cargadas» se vacían y aquello que pesa se convierte en fuerza sanadora.

Recuerdo a una paciente que consultaba por la pareja y al desplegar la constelación, todos los hombres de su vida quedaban representados en una línea horizontal, separados ligeramente entre sí. Delante de ellos, en el centro, su última relación. En ese momento, me invadió una inmensa tristeza y le pregunté: «Esto que siento no es mío. Se me encoge el corazón. ¿De dónde crees que puede venir tanto dolor?» La paciente, en *shock,* no podía responder. Le pedí que colocara a las mujeres de su vida y lo hizo de la misma manera que con los hombres, en una línea horizontal, separadas ligeramente una de la otra, dando la espalda a aquello que estaba detrás. La imagen me sobrecogía aún más y volví a preguntar: ¿Por qué crees que todas están dando la espalda? El hombre que quedaba en el centro representaba al hombre que la había maltratado muy duramente y mostraba algo que, hasta ese momento, la consultante no había tenido en cuenta: todas las mujeres de su familia repetían, en algún aspecto, el mismo patrón. La constelación permitió que el dolor de lo vivido pudiese servir para empezar a sanar aquello que se repetía en el sistema.

2. LO QUE FALTA

Una de las dinámicas que más se observa en las consultas individuales son los reclamos del «Niño Interior». Escuchar sus pedidos y detectar sus necesidades nos muestra aquello que el paciente adulto aún no ha podido ofrecerse a sí mismo.

Las constelaciones familiares con muñecos constituyen una herramienta sumamente útil para trabajar con cada uno de los «niños interiores traumatizados» permitiendo que sea la parte adulta de la persona quien empiece a responsabilizarse consigo misma y con su vida.

Un ejemplo que me impresionó fue el sufrimiento de una hija por la muerte de su padre, ocurrida hacía ya diez años. En la sesión individual, la paciente no paraba de llorar desconsoladamente frente al recuerdo de la situación. Colocamos a los representantes de su madre, hijos pequeños y pareja, pero ninguno tenía suficiente relevancia frente al dolor que le causaba la imagen representada de ella junto a su papá. Pasados unos minutos sin que su tremenda pena remitiera, le pregunté: «¿Quién crees que llora por esta pérdida, la niña abandonada o la mujer de más de cuarenta años que tiene a toda esta familia por la que ocuparse?». La paciente empezó a calmarse y comprendió que ese llanto provenía de algo lejano en el tiempo y no se correspondía con el momento actual que le tocaba vivir. A partir de lo trabajado en la constelación, pudo comenzar a otorgar un mejor lugar a su marido, a estar mejor con sus hijos y a liberarse de una profunda tristeza.

3. LO QUE BLOQUEA

Todas las personas tienen algún espacio de su vida que les impide en mayor o menor medida ser felices en plenitud. Mantener la estabilidad es un reto constante para poder sentir que el lugar donde se está es el adecuado y llegar a ser la mejor versión de cada uno.

Las Constelaciones Familiares individuales con muñecos permiten que aquello que limita la realización de la persona, en cualquiera de las áreas, se desbloquee para seguir transitando su vida con más amor y equilibrio.

Al constelar a personas con enfermedades crónicas y graves, se llega a comprender los mensajes de los síntomas y se constata cómo aquello que en un principio representa un impedimento pasa a ser una liberación.

Uno de estos casos es la paciente con una extraña enfermedad digestiva que podría matarla ante cualquier disminución de defensas producidas por un simple resfriado o por la picadura de un insignificante mosquito. Reconocer en la constelación lo beneficioso que para ella significaba saber sobrellevar esta peligrosa rareza antes que honrar a su padre biológico, quien abandonó a su pareja y a todos sus hijos, le permitió confiar en los constantes avances de la medicina, pudiendo así algún día encontrar una solución para su problema, el cual ya no soportaría la carga de todo lo emocional.

«Las Constelaciones Familiares otorgan soluciones positivas, pero si en algún caso no se encuentran, pregunta qué es lo que no se quiere ver, qué cuesta tanto de aceptar y de qué se está protegiendo».

METODOLOGÍA

Para realizar con facilidad las Constelaciones Familiares individuales, he creado una metodología que consta de ocho ítems:

1. Apertura
2. Representantes
3. Observación
4. Sensaciones
5. Frases sanadoras y procedimientos específicos (rituales)
6. Movimientos
7. Solución final
8. Cierre

Al finalizar el capítulo, hay un listado sintetizado de los pasos del Protocolo para facilitar su aplicación.

Por último, una Ficha de seguimiento para que el terapeuta rellene después de cada constelación le permitirá llevar un control metódico del trabajo realizado con cada consultante.

1. APERTURA

El primer punto del protocolo es la APERTURA en alusión a la expresión que se utiliza comúnmente en los talleres grupales cuando el constelador se dispone a comenzar el trabajo con la frase: *«Vamos a abrir la constelación»*.

Lo primero será preguntar sobre el problema que se va a tratar. Las respuestas que otorgue el consultante se revisarán al finalizar el protocolo. A fin de recordarlas más tarde, recomiendo escribirlas en una libreta. Para realizar las preguntas se sugerirá al consultante que tome asiento frente al constelador, quien se tomará unos minutos para sentir qué sucede cuando se encuentra cercano al consultante y qué percibe cuando mira más allá de él, buscando imaginariamente a sus progenitores.

«Los padres dan, los hijos toman» es otra frase muy usada en esta terapia. Sentir qué pasa con mamá y cuán cerca está papá, intuir qué

sentimientos son los que están en relación al consultante y sus padres, es parte de la percepción fenomenológica que se explica en la introducción de este capítulo.

Esta introspección servirá para revisar si el tema que se va a constelar está correctamente planteado, para indicar sobre la elección de los representantes y para guiar el desarrollo de la técnica.

Una vez que el constelador haya dirigido su mirada hacia el consultante y retrospectivamente hacia el interior de sí mismo, podrá empezar con la primera pregunta del protocolo:

1. ¿Cuál es el tema que se va a tratar?

El tema es la palabra clave que nos dará información acerca de aquello que constelará nuestro consultante. Se trata del título de su constelación.

Podremos obtener palabras claves de los veintidós puntos del Mapa de Constelaciones Familiares del capítulo 4 de este manual.

El tema deberá ser formulado de la siguiente manera:

Centrado en lo que preocupa al consultante

Si un tema no preocupa verdaderamente o no tiene relevante importancia para la persona que consulta, deberá ser evitado de constelar o ser tratado con otra técnica terapéutica más adecuada.

Las Constelaciones Familiares implican un desgaste energético importante para el constelador. Si el consultante no tiene la energía suficiente para dedicar a la constelación, quien la terminará poniendo en juego será el constelador y, como ya se ha expresado en la introducción de este capítulo, se deberá prevenir todo desgaste energético innecesario.

Cuando en una constelación se llega a una solución del problema, la imagen formada debe reposar en la persona constelada. Si el consultante no muestra un interés suficiente, la imagen alcanzada perderá su fuerza, los resultados serán mínimos, pasajeros o se dejarán en manos del constelador, lo cual no es el objetivo de este tipo de terapia. Cuanta más preocupación y carga energética dedique un consultante a su tema, más éxito tendrá en sus resultados.

Expresado en una o dos palabras o en una frase corta

El tema deberá ser expresado de manera concreta en pocas palabras: «Pareja», «Mamá», «Hijos», «Trabajo», «Jefe», «Amigos», «Sentimiento de poca valía», «Inseguridad», «Diagnóstico médico».

¿Por qué en pocas palabras? Porque el tema representa el primer acercamiento hacia lo que se va a constelar más tarde, una referencia, un punto de partida. También aquí se necesitará tomar un breve tiempo para sentir y percibir de la misma manera que se hizo al comenzar.

Sin críticas ni desvalorizaciones

Algunas personas acostumbran a extenderse en la formulación del tema y al hacerlo ejercen críticas y desvalorizaciones. Ejemplos: «Quiero constelar la relación con mi madre. Ella siempre fue una *persona controladora,* y aún hoy, después de treinta años, sigue tratándome como si fuera una niña». «*Mi padre fue siempre muy frío y egoísta.* Desde que se separó de mi madre, no nos vemos casi nunca. De esto, hace catorce años. Quisiera constelar la comunicación con él».

La crítica y la desvalorización constituyen una manera de exclusión. Si permitimos que el consultante excluya a través de su discurso, estaremos descuidando lo que se estipula en el Orden de Pertenencia al que tanta importancia da la teoría de las Constelaciones Familiares. Recordemos brevemente cuáles son los Órdenes del amor que se deben tener en cuenta al constelar.

1. ORDEN DE LA PERTENENCIA: Todos los miembros de un sistema tienen derecho a pertenecer a él. Ningún miembro es prescindible o puede ser olvidado. La existencia de este orden señala que los excluidos también forman parte, y por lo tanto, deben ser puestos a los ojos de los demás miembros para ser reconocidos e integrados dentro del sistema.

2. ORDEN DE JERARQUÍA: Quien ha llegado antes al sistema tiene prioridad, y gracias a su ausencia o presencia, hace posible que otros vengan después. La realidad de este orden determina que la fuerza de los vínculos es menor cuanto más alejada sea del origen.

3. ORDEN DEL EQUILIBRIO ENTRE EL DAR Y EL TOMAR:

En todo sistema hay un intercambio. Para que el amor fluya, se mantenga y prospere, debe existir un equilibrio, una relación de igualdad entre lo que se da y lo que se recibe.

Agregando datos e informaciones necesarias

A diferencia de las Constelaciones Familiares grupales, se deberá obtener información que pueda ampliar el tema principal, y siguiendo el método de la percepción fenomenológica, se estará atento a lo que aparezca en el discurso del consultante.

La escucha por parte del terapeuta deberá ser neutra y se tomarán en cuenta los datos que surjan para poder utilizarlos posteriormente en la constelación.

Especial atención se dedicará a los primeros minutos de la sesión, ya que, aunque la charla previa a la constelación pueda referirse a temas diferentes al que se vaya a tratar, inconscientemente estarán asociados en algún punto con lo que le esté preocupando al consultante.

El Campo de conocimiento ya se expresa desde el primer momento en que terapeuta y consultante entran en contacto.

En los siguientes reportes, se ofrecen ejemplos de cómo las conversaciones previas a la constelación han servido para resolverla:

Caso 1. Constelación para Coaching Inmobiliario: *«Venta de piso»*.
La clienta consulta para que la ayude a vender su propiedad. Tiene un hijo adolescente que es adoptado.

Cuando llega a la sesión, lo primero que expresa es su agobio por las conductas que el chico está teniendo en esta etapa.

Al realizar el protocolo comenzamos trabajando el síntoma del agobio y la constelación se desarrolla trabajando los aspectos relacionados con el sistema familiar del hijo, sacando a la luz secretos familiares y tomando consciencia del destino difícil de aquella familia y la «pesada» suerte que le toca llevar al hijo.

A partir de esta constelación, la paciente pudo poner en marcha la búsqueda de la única hermana de su hijo que quedaba viva en otro país.

A los pocos días, apareció un comprador para su piso.

Caso 2. Constelación para Coaching Inmobiliario: *«Resolución de un negocio de más de sesenta años de actividad».*
La clienta acepta la propuesta de finalizar con el negocio familiar que lleva tiempo dando pérdidas y generando más compromisos con los préstamos bancarios.

Nada más llegar a la consulta, comienza criticando a una cuñada, quien al saber que su hijo portaría una enfermedad genética, decidió abortar.

Explica sin parar las razones de por qué ella no habría cometido ese acto injusto y continúa relatando otros casos de nacimientos difíciles y enfermedades con secuelas para toda la vida que han sucedido en la familia.

Al abrir la constelación, le pido que coloque a un representante para el ancestro que intentó por primera vez reparar algo injusto en la familia.

La clienta busca un muñeco que represente a un hombre y lo ubica detrás de la mamá. Dice reconocer en ese ancestro a su abuelo, quien perdió a su madre a la misma edad que hoy tiene su hijita (la bisnieta).

La mamá del abuelo murió de parto, falleciendo también con ella dos gemelos.

Cuando la clienta toma consciencia de la culpa que esto podría ocasionar en el abuelo debido a que él quedó vivo, empieza a recordar la vida tan difícil que aquel tuvo y de qué forma, desde la nada, fue capaz de montar la gran empresa que hoy la nieta se ve imposibilitada de remontar.

A partir de esa asociación se reconocen los sucesivos y desesperados intentos de reparación que hubo en la familia, ya sea manteniendo a capa y espada la empresa en crisis, contentando a toda costa a empleados insatisfechos o siguiendo profesiones que pudieran salvar vidas.

La constelación consistió en dejar atrás el dolor del abuelo por la pérdida y empezar a encargarse de su propia vida sin intentar reparar lo que otros no pudieron.

Al final, la clienta recordó que en esa semana su hijita le había dicho: «Mamá, cuando yo sea grande, quiero trabajar en el negocio». Para la madre, este recuerdo le advertía sobre la necesidad imperiosa de cortar con toda vinculación y dejar atrás lealtades invisibles.

Las Constelaciones Familiares van ampliando sus horizontes y cada vez se aplican en más áreas. Ya no sólo alcanzan a lo sistémico familiar, a los ámbitos de la salud, la educación, las organizaciones y las empresas, sino también al logro de objetivos y proyectos personales. Pese a esta expansión, es importante corroborar si aquello que se quiere lograr en una constelación es posible hacerlo a través de esta técnica. Teniendo en cuenta esta premisa, la segunda pregunta aconsejable tendrá que ver con el objetivo y será:

2. ¿Si esto fuera posible, qué quieres lograr respecto al problema?

El objetivo que se quiere lograr con la constelación deberá ser:

Claro y concreto

Aquello que se quiera lograr, al igual que el planteamiento del problema, deberá ser formulado de manera clara y concreta para poder ser cotejado al finalizar la constelación.

Un ejemplo de demanda confusa sería: «Quiero *constelar mi ser* en el mundo, pues tiene una *tristeza vital* llena de *sinsentido a nivel existencial*». Otro ejemplo de demanda poco concreta, sería «El marido de mi hermana no la trata bien, y yo *no puedo soportarlo* porque ella no es de personalidad fuerte y está embarazada. No sé cómo lo aguanta. Nunca se llevaron bien y ahora vomita todos los días. Ella lo está pasando mal y no sé cómo ayudarla».

Si a la hora de constelar el consultante no tiene claro qué necesita resolver, podemos sugerirle revisar los veintidós puntos del Mapa de Constelaciones Familiares.

Formulado uno cada vez

Debemos centrarnos en un solo objetivo cada vez, ya que tener varias necesidades o problemas que resolver puede requerir de varias constelaciones.

Ejemplos de formulaciones en los que hay varios objetivos: «Quiero re*lacionarme mejor* con mi madre, *comunicarme más* con mi padre, *llevarme bien* con mi marido y *ser escuchada* por mi hija». «*Tengo mucha tristeza* y no sé a qué se debe, siento que *no he podido cumplir con mi sueño de ser madre*, pero también sé que *pude ser una buena profesional*. No sé *qué me pasa con los hombres* y muchas veces pienso que tiene que ver con *la relación con mi padre*». «*Quiero constelar cuál es mi propósito de vida, además de ayudar a mi familia y a las personas que me rodean*».

Posible de alcanzar mediante la técnica

Es importante que aquello que se quiera lograr pueda ser adecuado y factible de alcanzar a través de la constelación. Ejemplos de objetivos inadecuados para constelar individualmente son: *«Quiero que mi hijo sea pianista»*, *«Quiero que mi amante deje a su esposa»*, *«Quiero saber si me casaré»*, *«Quiero constelar si debo aceptar recibir quimioterapia»*.

Centrado en la propia persona

Cuando el consultante no tiene claro cómo formular el objetivo, podemos sugerirle que la demanda parta desde su persona, centrando su deseo en sí mismo. «Quiero constelar la sexualidad que tengo con mi pareja» (no la sexualidad *de la pareja*), «Quiero constelar mi relación con mi jefe» (no *al jefe*), «Quiero constelar la tristeza que tengo por la separación de mis padres» (no *a los padres*).

Referido a uno mismo, a un descendiente o a alguien del mismo nivel o inferior

El planteamiento del problema que se quiera tratar debe corresponder a temas personales o referidos a:

– Descendientes (hijos, nietos).
– Miembros que estén en un mismo nivel (pareja, hermanos).
– Personas que dependan de uno (hijos en adopción, familiares a cargo).
– Personas a los que uno tenga algo que ofrecer o se encuentren en un nivel jerárquico inferior (terapeuta a paciente, maestro a alumno, jefe a empleado, empresario a su negocio).

Una vez que tenemos claro el tema y el objetivo, pasamos a preguntar por los resultados.

4. ¿Cómo te darás cuenta del resultado de tu constelación?

Es recomendable preguntar al consultante de qué manera se dará cuenta de que la constelación le resulta útil.

Su respuesta nos servirá para revisar los resultados y saber si valorará el trabajo realizado en su justa medida.

Si la respuesta no es alcanzable en un tiempo cercano, las posibilidades de lograr los objetivos se reducen. En este caso, será conveniente reformular aquello que se quiere lograr o esperar a que los objetivos se cumplan por etapas.

Buscamos la emoción

Mientras que en la segunda pregunta del ítem «APERTURA: ¿Qué quieres lograr respecto al problema?» buscábamos un verbo (*entender* a mi pareja, *escribir* un libro, *comprar* una casa), al preguntar: ¿cómo te darás cuenta de los resultados?, estamos buscando un sentimiento, una emoción.

Los siguientes son ejemplos de respuestas en los que se encuentra claramente la emoción: «Me daré cuenta de que la constelación de pareja me ha servido porque *me sentiré más paciente y amorosa con mi pareja»*, «Sabré que la constelación sobre el dinero ha funcionado porque *me encontraré con más iniciativa y ganas* de emprender otros negocios», «Veré que la constelación sobre la compra de una casa ha dado resultados cuando tenga decidido qué casa es la que necesito, descubra cuáles son mis posibilidades reales, sepa dónde buscarla y de qué manera adquirirla. Eso me dará *tranquilidad*».

Buscamos que el consultante pueda expresar una emoción: «Estaré tranquilo», «me sentiré mejor», «lo tendré más claro», «me encontraré feliz».

Tomamos en cuenta la emoción y la anotamos para recordar exactamente cuáles han sido sus palabras.

Durante todo el desarrollo de la constelación, estaremos atentos a detectar esta emoción porque, al encontrarla, habremos llegado al final de la tarea que nos ocupa.

Cuando en una constelación se alcanza la solución es porque se ha llegado a contactar con la emoción resolutoria que el consultante esperaba encontrar.

Una vez obtenidas las respuestas a estas tres primeras preguntas, pasaremos a la elección de los representantes.

2. REPRESENTANTES

Dentro de este punto se tendrán en cuenta:

Elección de representantes según el tema
Para indicar qué representantes son necesarios elegir en cada asunto que se vaya a tratar, tendremos que llegar al capítulo 4, «Mapa de Constelaciones Familiares».

En general, como método de ayuda podemos tomar el siguiente procedimiento: Buscar en la frase del objetivo propuesto por el consultante, nombres, pronombres personales y sustantivos. Ejemplos: «*(Yo)* Quiero constelar la relación con mi *madre*». En este caso buscaremos un representante para el consultante y otro para la mamá. «*Yo* tengo dificultad para afrontar *cambios*». Aquí seleccionaremos un representante para el consultante y otro para los cambios. «*(Yo)* No sé si decidirme por la *adopción* o no». En este último ejemplo, elegiremos un representante para el consultante y otro para la adopción.

En los casos en que el sistema que se va a constelar necesite de muchos representantes, por ejemplo, una familia numerosa, una empresa con diversos puestos jerárquicos, un hecho traumático en el que haya habido muertos, puede elegirse un muñeco que actúe en representación de varios. Por ejemplo, un representante para cuatro hermanos, un representante para la empresa o un representante para todos los muertos.

Opción de elegir un representante como espectador
La idea de colocar un espectador surgió debido a ciertas experiencias vividas con mis pacientes.

En ocasiones, el consultante no puede reconocer ni aceptar aquello que se muestra, de manera que crea en él mecanismos que lo protegen del dolor y le ayudan a afrontarlo. Entre estos mecanismos están la negación de lo que ve, la desconfianza en la capacidad de los representantes o la transferencia de su angustia y descontento sobre la persona del constelador.

Al colocar un representante de un hipotético espectador, éste pasa a ser una figura de protección para salvaguardar la integridad de los representantes y del terapeuta. Si algo no sienta bien al constelado, ya no tendrán la culpa de ello los representantes que no hacen bien su papel, ni el constelador que no comprende lo que está pasando y carece de sensibilidad para guiar el trabajo.

Si hay un espectador dentro de la constelación, todas estas sensaciones podrán ser cotejadas con la mirada de un extraño que, a modo de testigo imparcial, sólo estará allí para observar, y que al tener una posición neutra, podrá dar fe de aquello que se muestra sin prejuicios, opiniones premeditadas o implicaciones sistémicas. Las características del espectador serán las siguientes:

- No pertenece al sistema familiar del consultante, pero forma parte del grupo de representantes de la constelación.
- Es ajeno y desconocido para todos.
- Viene de fuera y se coloca dentro del Campo de Conocimiento de la constelación.

Sus funciones serán:
- Observar, en forma discreta y distante pero a la vez concentrada y atenta, todos los detalles de la constelación.
- Registrar sin condicionamientos ni expectativas.
- Mantener una mirada neutra, sin juzgar a favor de nadie ni ejercer ningún tipo de valoración o crítica.
- Aceptar lo que ve sin prejuicios, opiniones premeditadas o implicaciones sistémicas.

El rol del espectador será análogo al de un taquígrafo que transcribe lo que se dice en un juicio o al de un notario que da fe y certifica los actos realizados ante él. Podría corresponder simbólicamente a la figura de un árbitro.

A veces ocurre que el espectador pasa a ser una parte del consultante o algo que falta en su vida, como un valor o un sentimiento. También es común que a lo largo de la constelación pase a representar a un ancestro o familiar, convirtiéndose muchas veces en el excluido. En cualquiera de los casos, permitimos que abandone el rol de espectador y represente ese papel. Sorprende cómo el espectador pasa a generar una verdadera fuerza sanadora.

Cuando un consultante se siente perturbado por el espectador o rechaza su disertación final, podría tratarse de la utilización del mecanismo de negación como defensa a los problemas. Esto puede estar indicando desde un acercamiento a un tema difícil de elaborar o traumático a una patología grave como falta de contacto con la realidad.

Durante el desarrollo de la constelación, no siempre es importante conocer la visión del espectador, pero sí es necesario saber cómo se encuentra al finalizar.

Una constelación termina cuando todos los representantes se encuentran bien en el lugar que ocupan incluido el espectador.

Por último, no todas las constelaciones necesitan de la figura del espectador. Dependerá de si el consultante es una persona experimentada en la técnica, si tiene muchas resistencias frente al tema que se trate o de si el tema es complejo y requiere de una visión más amplia.

Selección de representantes a cargo del consultante

A diferencia de las Constelaciones Familiares grupales, en el trabajo individual, el consultante es quien elige a los representantes. En algunas ocasiones será el terapeuta quien seleccione algún muñeco y lo ubique dentro del campo de la constelación con el objetivo de provocar una reacción en el consultante, ayudar a tomar conciencia o diagnosticar.

Recuerdo la constelación en la que un consultante revisaba sus relaciones de pareja y, al finalizar, terminaba quedándose solo. En ese momento, decidí colocar a dos representantes más frente al muñeco que lo representaba sin decirle a quién correspondían cada uno, determinando en mi interior que el muñeco de la derecha sería una futura buena pareja y el de la izquierda una futura relación con características similares a las anteriores. Inmediatamente, el consultante adelantó a su representante hacia el muñeco de la derecha y dijo: «Con ella me siento mejor».

Otro ejemplo es el caso de una paciente que quería asegurarse de una decisión que debía tomar con respecto a unas futuras pruebas médicas. Cuando durante la constelación quito a uno de los representantes de una posible operación complicada, la paciente se relaja y puede acercarse al representante con otras técnicas no tan invasivas.

Consigna

Para elegir a los representantes, daremos al consultante la siguiente consigna: «Elige entre estos muñecos a alguien que te represente a ti y a alguien para tu mamá y colócalos en este espacio siguiendo la imagen que tienes en tu interior de tu familia (o de aquello que se vaya a constelar: pareja, hijos, trabajo)».

Significado de la selección

Cuando el consultante decide elegir un determinado muñeco o elemento dentro del kit que tengamos junto con el material, está poniendo en práctica los mecanismos psicológicos de identificación y proyección.

Cada elección tendrá su respectiva significación, aun cuando la persona insista en no tener idea de por qué aquel muñeco es el que le parece más adecuado para representar, por ejemplo, a su hermano muerto al nacer o al primer marido de su madre.

Algo de la persona elegida tiene que ver con lo representado.

Ese aspecto es lo que el consultante identifica como elemento en común y lo proyecta en el muñeco que selecciona.

A veces, las elecciones son justificadas: «Me gusta este muñeco porque tiene cara de buena persona», «veo que me están sonriendo», «este se parece a mi madre».

En otros casos, la selección de representantes puede pasar a ser una tarea complicada: «Son todos feos», «no sé cuál elegir», «no encuentro muñecos mujeres», «¿no hay ningún hombre, verdad?».

Toda exclamación, comentario o dificultad para elegir un muñeco como representante será tomado en cuenta para futuras interpretaciones. Por ejemplo, ¿por qué se proyecta la bondad en un determinado representante y no en otro?, ¿qué aspectos tienen en común el muñeco y la madre?, ¿por qué ve a todos feos?, ¿cuál es la dificultad para «encontrar hombres» cuando sólo se trata de seleccionar muñecos para representar ancestros, valores o cosas?

En esos casos, intentaremos ser muy pacientes y nos mantendremos en silencio, respondiendo con preguntas retóricas tales como: «¿te parece que no hay hombres?» o repitiendo con las mismas frases del consultante, como si de un eco se tratase: «No sabes cuál elegir», «son todos feos», «no hay ningún hombre».

Se trata de que no influyamos en la elección y dejar que sea el consultante quien pueda resolver la situación.

Como último recurso, le diremos que no se preocupe, que si lo desea, después podrá cambiar de muñeco y que, elija el que elija, estará bien.

Interpretación de los olvidos y confusiones

A veces, la ubicación de los representantes puede ser algo complicado para el consultante, no sabe en qué lugar ubicarlos o los cambia varias veces de sitio. Otras, se olvidan de elegir a un representante o de buscar a alguien que los represente a ellos mismos. También puede ocurrir que, a la hora de revisar quién es cada uno de los seleccionados, no se acuerde o se confunda de papeles.

En algunas ocasiones, los olvidos y confusiones pueden llevarnos a secretos familiares ya que, al igual que los actos fallidos, representan la expresión de lo inconsciente y reprimido.

Los despistes a la hora de desplegar la constelación nos indicarán posible desorganización dentro de la familia y alteración de los principios sistémicos.

Ante un olvido o confusión, es posible que haya la existencia de un secreto. Para corroborar si estas incidencias tienen importancia considerable, recurriremos a los siguientes pasos del protocolo.

3. OBSERVACIÓN

Observación del terapeuta hacia los representantes

Consiste, como el título indica, en la observación del terapeuta hacia lo que se muestra, tal y como aparece.

En este punto, volverá a tomarse unos minutos, como ya hizo en el ítem 1, «APERTURA», para mirar y sentir qué le transmite aquello que ve.

La observación estará dirigida, en primer lugar, hacia la imagen formada con los representantes, y luego, hacia la figura del espectador. Esta primera imagen que se forma es como una réplica de la imagen interna que se tiene del problema, la cual intentaremos retocar a través del protocolo para recrear, finalmente, una última foto con una nueva imagen que será la definitiva: la imagen de solución. La pregunta frente a la primera imagen será:

4. ¿Qué siento al ver esta imagen?

Es posible que tenga la sensación de no entender nada o comprender casi todo, y esa confusión o claridad tendrá que ver con el ordenamiento del sistema.

Ambas opciones serán parte de una interpretación personal que se guardará y corroborará más adelante si es necesario.

La sensación que genera lo que se muestra en cada nueva imagen es la que transmiten el consultante y su familia ante el mundo que los rodea.

A veces pueden tenerse sensaciones kinestésicas como frío, calor, hormigueo en las manos, dolor en la espalda, etc.

En ocasiones pueden sentirse emociones como la tristeza, el agobio o la ternura.

Es conveniente anotar en un papel todo lo que el terapeuta sienta para corroborar con el consultante si aquello que está detectando puede ser significativo para ayudar a resolver el problema.

Es posible que esas sensaciones sean las que hayan tenido como síntoma algunos de los familiares del sistema o puede tratarse de un secreto que se expresa a través de algún estado energético: la presencia de alguien muerto cuando sentimos frío o el movimiento de alguien que provoca excitación cuando sentimos calor. Después de prestar atención a las sensaciones, nos dedicaremos a mirar los tamaños de los muñecos.

5. ¿Me dice algo el tamaño que tienen los representantes elegidos?

Se supone que todos los muñecos son fabricados idénticos, pero ante la observación detallada, se detectarán disimilitudes sutiles que tienen que ver más con lo inconsciente que con lo real y concreto. A la hora de mirar un muñeco, cada uno lo interpreta de forma personal. Hay personas que dicen: «Ésta es mi mamá. ¡Hasta se parece!». «Me está sonriendo».

Nos detendremos a ver las diferencias de tamaño y posturas, analizando qué muñecos se han elegido para representar, cuáles son los más grandes, cuáles los más pequeños, quiénes están de pie y quiénes arrodillados.

Estos datos van a darnos pistas sobre cómo se respetan dentro del sistema familiar el Orden de Jerarquía y el Orden del Equilibrio entre el Dar y el Tomar.

Una vez se detecte aquello que nos llame la atención, nos dirigiremos a mirar los detalles de las formas geométricas generadas en la disposición de los representantes.

6. ¿Qué formas geométricas se han creado?

La interpretación del significado de cualquier figura geométrica formada a través de la distribución de los representantes dentro del campo de la constelación será dada por el sentimiento que tenga el constelador al observar la imagen, así como por el análisis de la ubicación de los representantes dentro de esa figura y del lugar hacia donde se dirigen las miradas entre ellos.

Recordemos que para determinar qué indican cada una de las figuras, corroboraremos las interpretaciones con el consultante.

Triángulos

En general, los triángulos formados en las Constelaciones Familiares nos alertan de la inexistencia de roles diferenciados entre los miembros. Si la imagen triangular alude, por ejemplo, a una familia compuesta por los padres e hijo, ante el primer vistazo no sabríamos distinguir claramente quién es quién. En esa disposición, cualquiera de los representantes podría estar desempeñando el papel del otro y ocupando un lugar que no le corresponde. En esta desorganización, lo que se observa es una alteración en el Orden de Jerarquía.

Pero la consecuencia más grave que encontramos dentro de las estructuras triangulares, es el desequilibrio entre lo que se puede dar y lo que se debe tomar.

Siguiendo con el ejemplo anterior de la familia, sabemos que los padres dan y los hijos toman. Esto significa que los padres dan aquello que no tiene precio: «la vida» y que los hijos sólo podrán compensar una entrega tan grande teniendo a sus propios hijos o haciendo algo bueno por los demás.

En la imagen triangular todos dan y nadie toma, por lo tanto, tendremos que revisar el Orden del Equilibro entre el Dar y el Tomar. Cuando nos encontramos con un triángulo en el que dos de los representantes se miran entre sí o ambos miran a un tercero, podemos considerar a éste último como «el excluido», «el chivo expiatorio» o «el tercero en discordia». Al probar qué ocurre cuando adelantamos a éste último hacia los otros dos, vemos que los representantes que se miraban entre sí quedan imposibilitados de seguir haciéndolo por la presencia de ése tercero. ¿Qué se siente ante esto? Generalmente, la sensación es que ése tercero adelantado estorba, no permite que los otros dos se sigan relacionando o intenta mediar en un enfrentamiento. Cualquiera que sea la interpretación que se haga nos dará indicios de qué está pasando en el sistema y de qué manera se ve alterado en ellos el Orden de Pertenencia.

Ante una imagen triangular en una constelación, nos preguntaremos: ¿Se está reprochando o enjuiciando a alguien?, ¿alguno de los representantes siente que se le debe algo?, ¿queda algún asunto pendiente entre estas personas?

Un recurso interesante para tener en cuenta cuando nos encontremos con representantes dispuestos en triángulos sería que entre ellos se pregunten: ¿Por qué has hecho eso?, ¿qué es lo que crees que te debo?, ¿tienes aún algo que decir?

Líneas rectas

La disposición de representantes en líneas rectas también nos dará información, y cualquier detalle que nos llame la atención en la configuración de las líneas deberá ser tomado en cuenta para saber si sucedió algo importante en la vida del representante que no esté alineado como los demás. Puede ser una distancia muy alejada entre alguno de los integrantes de la línea o un integrante que se sale de ella cuando todos los demás están a la misma altura.

Mientras los triángulos nos señalan el desequilibrio entre el Dar y el Tomar, las líneas rectas verticales hablan del Orden de Jerarquía y las líneas rectas horizontales advierten sobre el Orden de Pertenencia.

Representantes enfrentados

Si bien poner dos representantes cara a cara puede significar atracción sexual o amor, la mayoría de las veces indica algo que decirse, carencia, deuda pendiente, reproche o crítica.

Ante representantes enfrentados, intentaremos determinar a cuál de estas situaciones se refiere la imagen:

- Algo que decirse (Quiero que me tengas en cuenta).
- Carencia (Yo necesito algo de ti).
- Deuda pendiente (Tú me debes algo).
- Reproche (Por qué has hecho eso).
- Crítica (Lo que has hecho no es correcto).

Representantes dando la espalda

Un representante que no mira al grupo y da la espalda puede significar el deseo de salir del sistema o el no tener nada que ver con él. Dar la espalda representa una expresión de rechazo y un deseo de alejamiento, búsqueda de un camino diferente o finalización de una etapa de a dos.

«Ya no puedo mirarte», «yo me voy y aquí te dejo», «nos separamos en paz y cada uno por su lado», son algunas de las sensaciones que nos puede generar encontrar representantes que no se miran.

Círculos

Los círculos son grupos cerrados que delimitan territorios. Al observar los círculos, podemos sentir sensaciones que van desde el intercambio de energías positivas, como la cohesión y la fuerza entre los miembros, a la opresión y el ahogo por parte del grupo. Generalmente, los círculos son indicativos de temas pendientes entre los miembros del sistema.

En determinados momentos, construir círculos con los representantes puede ser necesario para recibir ayuda y fuerza sanadora, pero en general nos habla de una afectación en los tres Órdenes del amor. Cuando se forma un círculo en una constelación, debemos estar atentos a si queda algún representante fuera del mismo. En caso de que así sea, posiblemente estaremos ante un excluido del sistema. Varios círculos o un círculo alejado del resto del grupo indicarán separación, negación de la situación actual o necesidad de construcción de una realidad diferente.

Recuerdo el caso de una paciente que mantenía una doble vida. Al constelar su núcleo familiar quedaban formados dos círculos alejados entre sí. Por un lado, el formado por su marido y sus hijos y, por el otro, el de su amante, sus hijos y su exmujer.

En algunas situaciones, el círculo puede ser sanador, especialmente para el tratamiento de casos de baja autoestima, abusos sexuales y sanación del Niño Interior herido. El procedimiento consiste en construir un círculo para que aquel representante que sea colocado en su centro pueda ser mirado y reconocido por los demás. A este procedimiento le he dado el nombre de *Ritual de reconocimiento.* Un ejemplo de círculo como sanación dentro de la constelación es el caso de un niño de once años que trajeron a la consulta por un tema de *bullying* en la escuela. Al pedirle que eligiera a un representante para él y a otro para los compañeros de la clase, seleccionó para ellos a veinticuatro muñecos de los guerreros de Xi´An, mientras que para él buscó a un muñequito de plástico que casi ni podía sostenerse en pie. En la imagen formada, él estaba detrás de todos los compañeros, quienes alineados le daban la espalda. La constelación se resolvió cuando él pudo situarse frente a ellos mientras uno a uno le repetía la frase sanadora: «Yo te reconozco y tú también formas parte». Finalmente, todos crearon un círculo donde él pudo quedar dentro y sentirse aceptado.

Cuadrados

Los cuadrados construyen líneas energéticas que, dirigidas a través de la mirada, nos indicarán cruces de fuerzas, dispersión, integración o exclusión.

Es muy común que los cuadrados nos muestren a dos parejas de elementos enfrentados cuyo significado habrá que constatar y que, generalmente, tienen que ver con: atracción sexual, amor, reproche, crítica o deuda pendiente.

Ante los cuadrados, el Orden del amor principalmente alterado es el de Jerarquía.

Falta de alineación o composición desordenada

También es indicativo de desorden en el sistema cuando los representantes quedan colocados sin ningún tipo de alineación. La imagen sería la de una familia desorganizada o en la que sus miembros no guardan relación entre sí.

Cuando la primera imagen que encontramos al abrir una constelación se muestra con falta de alineación, podemos sospechar que todos los Órdenes del amor se encuentran alterados.

Composiciones perfectamente ordenadas

En ocasiones, hay que sospechar de las estructuras en las que todos los miembros se ubican en un lugar ideal dentro del sistema. Son constelaciones que en la primera imagen parecen perfectamente ordenadas, en las que todos están bien y nadie ni nada se quiere mover.

Cuando un constelador se encuentra ante este tipo de disposición, tiende a preguntarse: ¿Para qué ha venido esta persona a mi consulta, si todo está perfecto?, ¿realmente tiene algún problema y está necesitando ayuda?

El constelador debe armarse de paciencia e investigar qué sucesos en la vida del consultante puedan dar informaciones relacionadas con el asunto que se vaya a constelar y tener mucho cuidado de no ir directamente a un hecho traumático, es decir, llegar a él a través de rodeos que eviten que el consultante pueda sentirse juzgado, presionado o invadido en su intimidad.

La razón de tener que realizar dichos procedimientos terapéuticos es que detrás de este tipo de imágenes existen:

— Secretos familiares.
— Sentimientos de culpabilidad.
— Necesidad de que todo esté bajo control.
— Bloqueos frente a la posibilidad de realizar algún cambio.

Encontramos ejemplos de estas primeras imágenes perfectas en estos dos casos:

Caso 1. *Constelación familiar para mejorar la relación de pareja*
La paciente explica que lleva varios años casada y ha perdido la ilusión y la alegría en la relación. Cree que la rutina de la convivencia ha afec-

tado en la pareja. Ya casi no tienen encuentros sexuales y su interés está centrado en el hijo pequeño.

Al colocar los muñecos para ella, para el marido y para la relación, todos quedan situados en una línea continua, mirando hacia adelante, sintiéndose bien y sin querer moverse, expresar algo o incluir a nadie más. Al buscar en las relaciones de pareja anteriores, la paciente comenta que estuvo quince años con una relación paralela.

Cuando coloca a un representante para el amante, todos los otros empiezan a sentirse mal y quieren cambiar de lugar. En el transcurso de la constelación se revela un secreto íntimo que no había contado a nadie: el padre biológico de su hijo era su amante y no su marido.

Caso 2. *Constelación familiar para olvidar a un amor*
La paciente acude a consulta para poder cortar con una relación, con la que, si bien lleva dos años sin tener contacto sexual, aún sigue enganchada afectivamente.

En la primera imagen de la constelación, los muñecos elegidos para ella y su viejo amor son iguales en tamaño y color. Ambos están bien, ninguno quiere cambiar de lugar ni decir nada más. Se le pide que relate su vivencia amorosa con esa persona y explica que mientras fueron amantes cada uno tenía su propia pareja.

Al buscar información, vemos que esta estructura triangular se repite en otras etapas de su vida y también en la de sus padres.

En la consulta, dispongo de varias cajas de muñecos por si los sistemas familiares incluyen a muchos miembros.

Cuando coloca representantes para todos estos personajes, la consultante necesita de otras cajas y vuelve a elegir muñecos del mismo color y tamaño que los anteriores.

Seguimos buscando a otros familiares que hubieran tenido amantes y vuelve a elegir muñecos del mismo tamaño y color para que la constelación continúe estando perfectamente ordenada y nada sea diferente a lo demás.

Cuando le pregunto sobre el porqué de esa formación tan particular, ella responde: «Porque todo tiene que estar bajo control». Esta frase cobra sentido al saber que su profesión es la de policía y que su amante trabaja con ella en el mismo lugar.

Aunque quisiera que él tomase otra postura dejando a su esposa, prefiere que todo continúe como está, sin que nadie sospeche ni tenga que cambiar algo de su vida en especial.

7. ¿La ubicación que tienen los representantes es fija y estable?

Un hecho relevante que se debe tener en cuenta es si los representantes se pueden ubicar en el espacio de manera fija y estable.

En ocasiones, el consultante necesita mover de un lado a otro a un representante ya que no logra encontrar un lugar adecuado para él. La frase más común es: «¡No sé dónde ponerlo!». Debemos tomar esta frase como una alarma que nos indica que con ese representante hay conflicto.

La inestabilidad en cuanto a la elección del sitio adecuado para un representante puede indicar:

— Antecedentes de esquizofrenia en la familia.
— Suicidios, homicidios o participación en guerras.
— La necesidad de buscar al excluido.

8. ¿Qué distancia hay entre los representantes?

Las distancias nos informan sobre la intensidad de las relaciones entre los representantes.

Una distancia prudencial puede mostrarnos la necesidad de tener un espacio vital para dirigirse hacia el destino de cada uno, mientras que una distancia exagerada puede indicarnos rechazo o indiferencia. Las distancias nos corroboran si la imagen interior del constelado coincide con la realidad que expresa previamente a configurar su constelación.

Un consultante aseguraba que su mujer era lo más importante para él. Cuando arma su constelación con muñecos, se observa claramente cómo su hijo del matrimonio queda ubicado pegado a él, mientras que coloca a su mujer más alejada.

En otro caso, una mujer consultaba para poder quedar embarazada. En la constelación se descubrían diecinueve niños muertos en abortos naturales o a los pocos días de nacer. Todos estos muertos se encontraban mucho más cerca de la pareja que el futuro bebé que ambos deseaban tener.

9. ¿Algo o alguien queda fuera del grupo?

Es muy importante observar qué o quién está dentro del grupo y si algo o alguien queda fuera.

Las respuestas a estas preguntas nos darán pistas sobre el excluido, al que será necesario reconocer para darle un buen lugar en el sistema. Preguntamos por algo o alguien, pues tendremos en cuenta que los excluidos pueden ser tanto personas como objetos materiales, aspectos afectivos o valores espirituales.

10. ¿En qué lugar se ubican los representantes masculinos y femeninos?

Comúnmente, los representantes masculinos son colocados a la derecha y los femeninos a la izquierda.

Imágenes representativas de esta ubicación las encontramos a través de normas culturales, por ejemplo, en el signo de cortesía por parte del hombre de caminar por la acera del lado derecho de la mujer, en la costumbre tradicional en la que el padre lleva a la novia ante el altar o en la representación de la típica pareja de novios de escayola o mazapán que se coloca sobre la tarta de una boda. Cuando esta ubicación se encuentra cambiada, podemos encontrar diferentes interpretaciones que luego deberán ser corroboradas.

Puede tratarse, por ejemplo, de una familia matriarcal en la que a través de las generaciones la figura de la mujer haya sido la más preponderante o de una familia en la que los destinos de todas las mujeres hayan sido muy difíciles por tener que sacar adelante a sus hijos sin la ayuda de sus maridos, dándole así al hombre un lugar desvalorizado. También lo encontramos en una familia en que las mujeres sean siempre las triunfadoras mientras que los hombres quedan relegados a un nivel inferior.

El sitio que se elija para colocar a los hombres o mujeres dará información acerca de la importancia que tiene cada sexo dentro del sistema, de qué manera se vive la femineidad y masculinidad y dónde puede estar el punto conflictivo a nivel sexual y de pareja. Puede ocurrir que no se coloque al personaje en el lugar que le corresponde porque la persona a la que se representa está muerta. Por ejemplo, en vez de colocar a la madre a la izquierda, se la sitúa a la derecha porque el padre ha fallecido. En este caso, la razón expuesta no justifica que se la ubique de aquella manera y sería importante revisar qué espacio y valoración se les otorga a los hombres en ese sistema.

En ocasiones, los miembros masculinos quedan en un lugar opuesto a los femeninos y esto puede hablarnos de la consideración que unos y otros se tienen entre sí.

En el siguiente caso se observa un ejemplo de conflicto de roles. Hombre de cincuenta y cuatro años, separado, sin pareja actual y sin trabajo, vive pidiendo dinero prestado tras el fracaso de todos sus proyectos. Cuando se intenta contar con la ayuda de la mamá, en el ritual de «Tomar a la madre», ésta no quiere hacer nada por su hijo. Colocamos ayuda femenina para ella hasta la séptima generación de mujeres. La madre sigue inmóvil, fría y resistiéndose a tomar al hijo. Colocamos a su esposo y a su padre, el abuelo del paciente, e inmediatamente ambos personajes masculinos se desplazan al lado del representante del paciente para apoyarlo. La imagen final de la constelación resulta la de dos bandos divididos por el dolor, por un lado el hijo arrodillado ante la madre, con su padre y abuelo a los costados, y frente a ellos, la mamá y toda la fila de mujeres detrás. En la vida real, este paciente lleva varios matrimonios rotos, con hijos en cada uno de ellos. La madre llevaba la rabia de todas esas mujeres, las ancestras y las de la vida presente.

11. ¿Hacia dónde mira cada uno de los representantes?

Las miradas hablan y nos dan valiosas informaciones que debemos aprender a interpretar.

Las miradas vinculan, pues hacia donde se mire existe una relación. Para cerciorarnos hacia dónde mira cada representante, puedo preguntar o tomar un lápiz y apuntar desde la nariz del muñeco hacia el extremo opuesto.

Si alguno de los representantes mira hacia un punto indeterminado, podemos colocar en ese lugar otro muñeco que represente aquello a lo que se esté mirando, aunque no se sepa a qué o a quién se refiera.

Cuando ubicamos a un representante que falta en el punto de mira, casi siempre se trata del excluido o del ancestro responsable del secreto familiar.

En líneas generales, podemos decir:

Mirar a lo lejos

Cuando un representante mira a lo lejos, busca a un excluido o a algún familiar fallecido a quien desea seguir en su destino.

Mirar a lo lejos también puede manifestar el deseo de querer salir del sistema.

A veces, mirar a un punto lejano no definido puede significar el interés por algo espiritual, tener puesta la mirada en una fuerza mayor, buscar a Dios.

Mirar hacia atrás

Si el punto de mira se orienta hacia atrás de los representantes, señalará la búsqueda de algo que quedó en el pasado, como por ejemplo, un amor anterior, un ancestro al que hay que honrar, un acontecimiento traumático o una época de vida mejor.

Mirar hacia adelante

Si el punto de mira se dirige hacia delante de los representantes, nos estará representando la búsqueda de un futuro que se quiere alcanzar.

Mirar al suelo

Mirar hacia el suelo puede indicar estar frente a un muerto, un aborto, un excluido o un secreto familiar.

No poder mirar a los ojos

La imposibilidad de mantener la mirada en algo o de mirar a alguien a los ojos denota un sentimiento de vergüenza o culpa por un acto cometido.

Observación del terapeuta hacia la figura del espectador:

12. ¿Forma parte de alguna figura geométrica?

13. ¿En qué sitio se ha colocado con respecto al grupo?

14. ¿Hacia dónde mira?

15. Si formara parte de la familia, ¿quién sería?

16. Si fuera alguna cosa, ¿qué sería?

Observación del consultante hacia los representantes:

Se intentará que el consultante pueda tomar consciencia de lo que ha expresado a través de la ubicación de los representantes elegidos. La consigna para el consultante será la siguiente: «Tómate unos minutos, respira profundamente y centra tu atención en esta imagen». Pasado un breve tiempo, la pregunta que le haremos al consultante será:

17. ¿Qué sientes al ver esta estructura y qué te llama la atención?

Es posible que se tenga la sensación de no entender nada, de que ha puesto las figuras porque le ha «surgido así», de que no puede sentir nada en especial o de que lo que ve es «demasiado fuerte».

La interpretación posible a estas sensaciones es que «hay algo que cuesta ver» o está en *shock*.

Se le indicará que continúe observando y que, cuando pueda, intente responder a las siguientes preguntas:

18. ¿Te dice algo el tamaño que tienen los representantes elegidos?

Se supone que todos los muñecos son fabricados idénticos, pero ante la observación detallada, se detectarán disimilitudes sutiles que tienen que ver más con lo inconsciente que con lo real y concreto. A la hora de mirar un muñeco, cada uno lo interpreta de forma personal.

Hay personas que dicen: «Ésta es mi mamá, ¡hasta se parece!», «da la sensación de que me sonríe», «está enfadado»…

Nos detendremos a ver las diferencias de tamaño y posturas analizando qué muñecos se han elegido para representar, cuáles son los más grandes, cuáles los más pequeños, quiénes están de pie y quiénes arrodillados.

Estos datos van a darnos pistas sobre cómo se respetan dentro del sistema familiar los Órdenes de Jerarquía y de Dar y Tomar.

19. ¿Para qué crees que tienen esta disposición entre ellos?

Sabemos que la disposición de los representantes, ya sea formando figuras geométricas, ocupando el lugar de la derecha o el de la izquierda, o bien estando más adelante o atrás, cerca o lejos, tienen diferentes significados; sin embargo, el terapeuta debe cotejar la interpretación con la respuesta del consultante.

Aún en el caso en el que la disposición sea costosa y desordenada, tendremos que preguntar al consultante por qué cree que los representantes no encuentran su lugar en el sistema o están cada uno por su lado.

Muchas personas intentan justificar sus respuestas: «Usted me dijo que los pusiera dentro de este espacio», «los puse así porque éste es más gordo y si lo coloco delante, no se va a ver», «no puse a mi padre porque no lo conocí».

Los consultantes no saben que prima lo inconsciente y que aquello que intentan justificar tiene que ver con algo reprimido que duele, con algún excluido o con un secreto del sistema.

Ante las justificaciones, tenemos que ayudar a quitar sentimientos de culpa y podemos decir: «Tranquilo. Todo está bien.»

20. ¿Hacia dónde mira cada uno?

Aunque comprendamos hacia dónde mira cada muñeco, siempre tendremos que corroborarlo con nuestro consultante.

Puede que creamos que un muñeco mira hacia alguien en especial, pero al preguntar, el consultante nos responde: «Él mira hacia todos». En este caso, daremos como válida su respuesta.

En general, el consultante no toma consciencia del lugar hacia donde mira cada muñeco, por lo tanto, tener a mano un lápiz o una regla pequeña para determinar el lugar exacto hacia donde se dirigen las miradas resulta esclarecedor.

Recuerdo un caso en el que un consultante quería plantearse si debía acompañar a su actual mujer en la decisión de inseminarse artificialmente.

Él ya tenía un hijo de un matrimonio anterior a esta relación. En la constelación colocó a su mujer enfrentada a él a una distancia bastante alejada.

Ante la pregunta: «¿Hacia dónde miran cada uno de los representantes?», respondió que ambos se estaban mirando el uno al otro. Entonces, coloqué un muñeco frente a él y otro frente a ella, y con una regla le demostré cómo la mirada de cada uno de ellos se dirigía exactamente hacia estos nuevos representantes.

Cuando volví a preguntarle: «¿Hacia dónde crees que miran ahora cada uno de ustedes?», se quedó sorprendido y comprendió que él miraba hacia su propio hijo y ella hacia otro hombre que la pudiera embarazar.

21. Si imaginas a los representantes como una familia, ¿qué te llama la atención?

Esta pregunta solo la haremos cuando el terapeuta sienta que la constelación tiene que ver con una familia y pueda ser positivo llevarla hacia la interpretación de la relación sistémica.

En la mayoría de los casos, a pesar de estar involucrados los ancestros y familiares, se necesita seguir tratando el tema principal.

Observación del consultante hacia la figura del espectador:

En esta parte del protocolo preguntaremos al consultante las mismas preguntas anteriores, pero ahora en relación al espectador:

¿Qué tamaño de muñeco has elegido para el espectador?

23. ¿Forma parte de alguna figura geométrica?

24. ¿A qué distancia se encuentra de los demás?

25. ¿En qué sitio con respecto al grupo restante lo ha colocado?

26. ¿Hacia dónde mira?

27. Si formara parte de tu familia, ¿quién sería?

28. Si fuera alguna cosa, ¿qué sería?

4. SENSACIONES

Como su título indica, llegados a este punto, de lo que se trata es de sentir.

En este ítem, el consultante deberá tocar a los representantes, incluido al espectador, para descubrir qué siente cada uno de ellos, y lo hará apoyando los dedos sobre la cabeza de las figuras o cogiéndolos por detrás con todos los dedos de su mano.

Para realizar este procedimiento, la consigna que se le dirá al consultante es la siguiente: «Toca a cada uno de los representantes y dime cómo se sienten. Puedes hacerlo con un dedo, con dos o con todos los dedos de la mano, de cualquiera de ellas, pero ten cuidado de tocar uno solo cada vez, de no levantarlos ni moverlos de lugar, e intenta no taparles la cara».

Veamos las razones por las cuales daremos esta consigna:

Con una sola mano
El procedimiento se deberá realizar con una sola mano y no con dos para que sea más fácil la manipulación del muñeco y se evite mover a los que están cerca.

Uno solo cada vez
Se tocará una sola figura cada vez para identificar de manera individual lo que se siente con cada una. Tocar a dos muñecos a la vez podría confundir las sensaciones.

Sin moverlos del lugar

Este paso requerirá sumo cuidado para no mover ni levantar a los muñecos de lugar, ya que las sensaciones que se expresen corresponderán al sitio en el que estén colocados. Si se levanta algún muñeco del lugar donde se va a cotejar la sensación, se sale del Campo de conocimiento, con lo cual, la información puede ser diferente.

Moveremos a los representantes cuando no se sienta nada en un lugar determinado y se desee probar si en otro sitio cambia la percepción. También moveremos a un representante cuando deba expresarle algo a otro que está muy lejos o de espaldas.

Sin taparles la cara

Teniendo en cuenta la metodología de este manual, no llegaremos a la solución hasta que todos los representantes se sientan bien y hayan podido expresar lo que necesiten.

Tendremos cuidado de no tapar el rostro de los muñecos porque tanto la mirada como la boca son puntos clave dentro del protocolo. Si se tapan los ojos, simbólicamente «algo no se puede mirar», y si se tapa la boca, «algo no se puede decir». En ambos casos, se estaría reprimiendo y generando un bloqueo.

Sintiendo con los ojos abiertos

Ciertas personas tienden a cerrar los ojos y esperar recibir alguna información, como si estuviesen en una actitud meditativa.

Es importante que el consultante mantenga sus ojos abiertos para tomar consciencia de aquello que ve.

En este paso de la técnica, mirar representa estar presente y cerrar los ojos podría significar no querer conectar con lo que se muestra, por lo tanto, seguir excluyendo.

Aquello que se sienta se expresará en voz alta para que el terapeuta pueda recordarlo, y si es necesario, lo escribirá en un papel para no olvidarlo.

Siguiendo el protocolo, son las preguntas que se harán en este ítem:

29. ¿Qué siente cada uno de los representantes?

30. ¿Qué siente el espectador?

Tenemos que estar atentos a las sensaciones de cada uno de los representantes, ya sean cosas, situaciones o personas.

Si bien al comienzo de la constelación es recomendable tocar a todos los representantes, durante el transcurso de la misma podremos revisar únicamente las sensaciones de aquellos que no se sienten bien. De esta manera, acortaremos los tiempos de nuestro trabajo.

En las Constelaciones Familiares buscamos que todos los miembros de un sistema estén en el sitio que les corresponde, que en ese sitio se sientan bien y que hayan dicho todo lo que necesiten expresar. Mientras haya algún representante que manifieste sensaciones negativas, no se encuentre en el lugar que le corresponde dentro del sistema o aún quiera expresar algo, la constelación no estará concluida.

Cuando encontremos un representante que tenga una emoción negativa, preguntaremos: «¿Y qué necesitaría este representante para sentirse mejor? Entonces le pondremos los recursos que hagan falta, por ejemplo: a sus padres, abuelos, ancestros, una ayuda espiritual, valores positivos, confianza, amor, salud, fuerza, dinero, etc. Cuando algún representante quiera cambiar de lugar o quiera irse, permitiremos que así lo haga.

Cuando alguien quiera decir algo, lo animaremos a que pueda expresarlo.

¿Y qué sucede cuando el consultante toca a algunos de los muñecos y dice: «No siento nada»?

Si no se siente nada es porque algo duele y, en general, significa que duele demasiado. Detrás del no sentir hay un gran dolor reprimido que no puede salir a la consciencia. En este caso, guiaremos al consultante para que pueda conectar con la emoción sin que ello le reporte sufrimiento. Lo haremos de una manera suave, guiando y acompañando, a través de ciertas estrategias.

Las estrategias podrán ser:

– Acercar o alejar a un representante.
– Quitar a un representante del Campo de conocimiento.
– Traer a un nuevo representante al Campo de conocimiento.
– Tomar consciencia del espacio y del tiempo.

Este último paso se realizará de la siguiente manera:
Se le pedirá al consultante que toque al muñeco que no le transmite ninguna sensación y que al mismo tiempo repita:

– «Yo soy… (Jordi, mamá, tu pareja, la seguridad)».
– «Yo estoy ubicado y cerca de mí está… y más lejos está…».
– «Aquí donde estoy, miro hacia… (el futuro, un punto lejano, mi hermano, ningún lugar)».
– «En este lugar, ahora mismo, me siento… (feliz, cansado, agobiado, no siento nada)».
– «Y quiero decir… (lo siento, gracias, te amo, no quiero decir nada)».

Estas intervenciones generan un cambio en la experiencia vital del consultante que se proyecta en una nueva imagen de la constelación. Otra manera sería decir: «Si supiera lo que siento, te diría…».

A veces, resulta esclarecedor decir: «Aquí, donde estoy, no siento nada». En ocasiones, esta última frase resulta muy dolorosa, por ejemplo, cuando no se siente nada frente a un hijo, a un enfermo o a un muerto, por lo tanto, valoraremos si es necesario pronunciarla. Existen otras intervenciones que están al alcance del terapeuta y son:

– Frases sanadoras
– Procedimientos específicos (rituales)

5. FRASES SANADORAS, PROCEDIMIENTOS ESPECÍFICOS (RITUALES)

Frases sanadoras

El primer procedimiento por parte del terapeuta para ayudar a generar cambios propiamente dichos será pronunciar frases sanadoras, también llamadas *curativas* o *liberadoras*.

De la extensa bibliografía de Bert Hellinger y de otros autores, pueden rescatarse las frases sanadoras que más se utilizan al constelar.

Si bien contamos con frases establecidas, muchas de ellas deberán ser adaptadas teniendo en cuenta cada situación.

Puede que en la práctica no se encuentren frases adecuadas al asunto particular que uno esté tratando, entonces se utilizarán las mismas frases que se respondieron al preguntar en el ítem anterior, «SENSACIONES», ¿qué siente cada uno de los representantes? y ¿qué siente el representante del espectador?

Es decir, se utilizarán las mismas frases que pronunció el consultante al tocar a cada figura. En caso de no acordarse de ellas, se recurrirá al papel donde se anotaron.

Las respuestas que hayan dado se expresarán como si fueran afirmaciones en primera persona, convirtiéndose así en frases sanadoras: «Siento mucha rabia si te tengo cerca», «me entristece que estés tan lejos», «me gustaría que te quedaras conmigo», «siento escalofrío», «me duele la cabeza», «quiero irme hacia atrás», «tengo ganas de abrazarla», «veo que ella no te quiere cerca».

La manera de transmitir las frases sanadoras variará según los problemas y el tipo de interlocutor. No serán las mismas frases las que se dirán a un niño que a un adulto, a un padre que a la pareja, ni a un representante de una persona que al de una cosa. No nos dirigiremos de la misma manera a un agresor que a una madre que perdió a un hijo, ni a un hombre que desvaloriza a sus padres que a un niño que sufrió un abandono. Por lo tanto, en ocasiones diremos las frases con dulzura y suavidad, mientras que en otras, las pronunciaremos con tenacidad y en voz más alta. En todos los casos, la pregunta que como terapeutas debemos hacernos es: La frase que se ha utilizado ¿es la más conveniente?, ¿ha provocado algún cambio?, ¿qué palabra debo cambiar?

Nos daremos cuenta de que la frase ha sido sanadora cuando provoque una reacción en el consultante que le permita encontrarse mejor y lo ayude a hacer algún otro movimiento necesario como poder mirar a los ojos, acercarse o abrazar.

Es muy importante estar atento a las expresiones porque cuando se dice una frase sanadora correcta, la mirada se vuelve más dulce, el rostro se distiende y hasta parece iluminarse y rejuvenecer.

Las lágrimas y sonrisas son síntomas de que algo ha tocado el alma. Los suspiros son otra muestra de que se ha dado con la frase necesaria.

En casi todas las Constelaciones, el indicador por excelencia de que la frase sanadora ha llegado al corazón de la persona es una exhalación profunda. Es muy beneficioso para el consultante poder ser acompañado en ese momento. Para ello, el constelador podrá expresar sin tapujos una gran exhalación, animando así a que el consultante también la haga.

Procedimientos específicos (rituales)

En ocasiones, ciertos temas comunes a todas las personas pueden ser tratados mediante frases sanadoras generales. Éstas se dicen a través de una serie de procedimientos pautados que se llevan a cabo bajo la guía expresa del constelador y con intensa concentración y recogimiento por parte del consultante. A estos pasos estipulados se les ha dado el nombre de *rituales*.

Es importante aclarar que la denominación de rituales que aquí se utiliza, no se refiere al aspecto religioso sino a las cualidades de solemnidad, dignidad y seriedad que llevan implícitos tales procedimientos.

En el capítulo 4, «Mapa de Constelaciones Familiares», se explicarán cómo llevar a cabo algunos de estos rituales y qué frases sanadoras son las más adecuadas según el tema que se vaya a tratar.

6. MOVIMIENTOS

Entendemos por movimientos a los pasos que esperamos se den después de decir una frase sanadora o de efectuar un procedimiento específico (ritual). Son procesos de cambios que ayudarán a alcanzar aquello que el consultante necesita resolver (el objetivo, la demanda). Generalmente, estos procedimientos parten de los representantes, pero en algunas ocasiones se hace necesario realizarlos mediante la intervención y la guía del constelador.

Los movimientos pueden ser físicos y expresarse en palabras o mediante emociones.

Estos movimientos pueden ser físicos, como por ejemplo: cambiar de lugar a un muñeco, darle la vuelta, acostarlo, sacarlo de la constelación, incluir a un excluido o agregar algo que falte en el sistema. Debemos tener presente que los movimientos físicos siempre se realizan dentro de una dimensión espaciotemporal dividida en tres franjas paralelas y dos franjas transversales.

Atrás estaría el PASADO, en la franja del medio se encontraría el PRESENTE y delante, el FUTURO.

A su vez, siguiendo las teorías de Visualización Creativa y métodos de Concentración Mental, a nuestra mano izquierda se encontraría el PASADO y a la derecha, el FUTURO.

El esquema resultaría de esta manera:

PASADO

PASADO ——— PRESENTE ——— FUTURO

FUTURO

Esta escenificación nos permitirá determinar en qué lugar se sitúan cada uno de los representantes, en especial, los que corresponden a los excluidos y a uno mismo.

El análisis espaciotemporal aquí planteado permite interpretar qué lugar ocupamos con respecto a los miembros de nuestro sistema y de qué manera nos orientamos hacia la vida.

Teniendo en cuenta la ubicación, las posturas y las miradas de los representantes, podremos revisar hacia dónde se dirige el alma de cada uno de ellos. Es posible que permanezcan anclados en el pasado, tal vez necesiten mirar al futuro o quizás ninguno pueda «poner los pies en el presente».

Los movimientos también pueden expresarse en **palabras**: «Te necesito», «me das miedo», «quiero irme».

Por último, pueden manifestarse mediante **emociones**: tener necesidad de que los representantes se abracen, buscar ayuda en los ancestros, respirar profundamente, tener ganas de llorar o encontrarnos más aliviados.

Siempre que se manifiesten movimientos de tipo físico, los intentaremos llevar a cabo. Por ejemplo:

— Acercar o alejar a un representante.
— Quitar a un representante del Campo de conocimiento.
— Traer a un nuevo representante al sistema.

Siempre que se manifiesten movimientos de tipo emocional, trataremos de ponerlos en palabra como frases sanadoras: «Tengo ganas de acercarme», «siento mucha tristeza cuando te miro», «necesito dejar este peso», «ahora quiero mirar».

Siempre que aparezcan movimientos de tipo emocional, buscaremos un representante para el síntoma. De esta manera, aquello que duele será puesto en escena para que lo podamos ver claramente y ser mostrado ante la conciencia del sistema.

Cuando encontremos un representante que tenga una emoción negativa, preguntaremos: «¿Y qué necesitaría este representante para sentirse mejor? Entonces, le pondremos los recursos que hagan falta, por ejemplo: a sus padres, abuelos, ancestros, una pareja, ayuda espiritual, valores positivos, confianza, amor, salud, fuerza, dinero, etc. De la misma manera, cuando algún representante quiera cambiar de lugar o quiera irse, permitiremos que así lo haga.

Cuando alguien quiera decir algo, lo animaremos a que pueda expresarlo.

No nos conformamos con un solo movimiento aunque creamos que hemos llegado a la solución.

Después de las frases sanadoras, de los rituales o cualquier otra intervención estratégica, intentaremos revisar si son necesarios más cambios. Para hacer estas comprobaciones, realizaremos las siguientes preguntas:

31. Revisando el Orden de Pertenencia. ¿Algo o alguien falta en esta imagen?

Una vez que los cambios de lugar se hayan producido, vamos a buscar lo que falta.

32. Revisando el Orden de Pertenencia. *¿Algo o alguien falta en esta imagen? (Preguntado por el Orden de Pertenencia)*

Una vez que los cambios de lugar se hayan producido, vamos a buscar lo que falta.

Generalmente, cuando aquello que falta es una persona, hablamos del excluido de la familia: desaparecido, abandonado, repudiado, olvidado, maltratado o criticado.

En muchas ocasiones, aquello que falta no hace referencia a los excluidos, sino a recursos que se necesitan para solucionar problemas. Estos recursos pueden ser algo concreto como dinero, un trabajo estable, una buena pareja o algo más abstracto como seguridad, autoestima, alegría, salud, paz o ayuda espiritual.

Para estos aspectos nos valdremos de los representantes, pero también tendremos la opción de utilizar objetos simbólicos como: piedras o minerales curativos, imágenes religiosas, talismanes, etc.

33. Revisando el Orden del Dar y el Tomar: ¿Algo o alguien tiene necesidad de decir algo más? ¿Están todos dando y tomando de manera equilibrada?

Es necesario que el Orden del Dar y el Tomar pueda fluir armónicamente y transmitirse a través de la imagen formada en la constelación.

No poder expresar lo que se siente y quedarse con cosas por decir crea secretos y bloquea emociones reprimidas que luego se traducen en síntomas.

A fin de provocar movimientos sanadores que mantengan un equilibrio en este sentido, seguiremos ciertas reglas:

1. *Cada vez que con un muñeco se exprese algo a otro, revisaremos cómo se siente el interlocutor al recibir el mensaje.* Por ejemplo, si el representante del marido necesita decirle a su mujer: «Ya no te quiero», nos dirigiremos a ella para revisar cómo se siente después de escuchar lo que el marido le ha manifestado.

2. *Cada vez que aparezca un síntoma, pediremos al consultante que elija a un muñeco para que lo represente.* Pasados unos minutos, le preguntaremos: «¿A quién crees que representa el síntoma (una persona, un objeto o situación, hombre o mujer, mayor, mediana edad, adolescente o niño, vivo o muerto, etc.)? Otra pregunta que podemos hacerle es: ¿Quién de tus ancestros o familiares sufría algo parecido?».

3. *Cada vez que se necesite contar con una fuerza sanadora para dejar aquello que no corresponda o para ayudar en lo que haga falta, se honrará y se darán las gracias.* Cuando se hayan colocado a los excluidos o a los recursos necesarios en el lugar que les corresponda, se realizará el ritual de *Dar la honra y agradecimiento.* Para ampliar cómo se realiza este ritual y otros procedimientos sanadores, se sugiere la lectura del libro *Nuevas miradas en constelaciones familiares. Cómo aplicar Constelaciones Familiares según los diferentes temas.* El ritual de Dar la honra y agradecimiento es uno de los más importantes junto con el de Tomar a los padres.

Una vez realizados estos pasos, habrá que revisar nuevamente cómo se sienten los representantes y el espectador, y si hay que continuar efectuando algún otro movimiento.

Es decir que cada vez que se produzca un movimiento, ya sea la colocación de un recurso, cambio de sitio de algún representante o la expresión de algo que se tenía que decir, volveremos al comienzo del protocolo (punto 3, «OBSERVACIÓN») para revisar qué ha cambiado en la imagen original y cómo se encuentran ahora los representantes.

Si nos queda claro el procedimiento de que cada vez que se exprese una frase sanadora, hayamos realizado un ritual o producido algún movimiento debemos volver al punto 3, «OBSERVACIÓN», entonces habremos comprendido en qué consiste la aplicación del método de las Constelaciones Familiares individuales que se propone en este manual.

El camino que se debe seguir es el siguiente:

3. Observación
4. Sensaciones
5. Frases sanadoras o Procedimientos específicos
6. Movimientos
3. Observación
4. Sensaciones
5. Frases sanadoras o Procedimientos específicos
6. Movimientos

¿Hasta cuándo debemos volver a realizar una y otra vez estos pasos? Hasta que se alcance la solución final o hasta que nos estemos acercando a los últimos diez minutos de la sesión. En caso de que no se haya llegado a la solución final, será el terapeuta quien ordene la constelación. El objetivo de ordenarle la constelación será que el consultante pueda llevarse una imagen clara y organizada de su situación. Es decir, ante la confusión, nuestra tarea como terapeutas es ayudar a ordenar.

¿Y cuál es el orden correcto?

El que permita que las fuerzas sanadoras puedan seguir traspasando la VIDA sin bloqueos ni resistencias, en armonía y en paz.

7. SOLUCIÓN FINAL

Habremos llegado al final de la aplicación del protocolo cuando no se necesite o no podamos realizar más movimientos. Recordaremos que se entiende por movimientos todos los cambios de lugar de los representantes, colocación de algo o alguien más que falte, expresión de frases sanadoras o realización de algún ritual. En esta etapa del protocolo, las preguntas que se formularán serán:

34. ¿Se encuentran todos los representantes en el sitio más correcto para cada uno de ellos?

Se debe revisar que todos estén en el sitio que les corresponde y que nadie más necesite cambiar de lugar.

35. ¿Se sienten todos bien?

Corroboraremos que todos los representantes se encuentren bien y en armonía.

Buscamos buenas sensaciones, pero ¿cómo sabremos que un muñeco o el objeto simbólico utilizado se encuentra en paz?

Lo sabremos por las sensaciones y expresiones.

Es posible que el consultante realice un profundo suspiro, que manifieste un gran alivio o que se emocione de alegría.

Es importante mirar el rostro y estar atentos a cambios posturales. Los sentimientos de comprensión, reconocimiento, aceptación, respeto, tranquilidad y paz serán algunos de los indicativos de que se habrá llegado a la solución final.

36. ¿Algo o alguien quiere decir algo? ¿Están todos dando y recibiendo de manera equilibrada?

En el caso de que todos estén en su sitio y se sientan bien, comprobaremos si lo que se da y entrega entre ellos se hace o puede llegar a hacerse con respeto y equilibrio.

37. ¿La imagen de solución final responde a lo que se necesitaba solucionar?

En el primer ítem del protocolo, «APERTURA», diferenciamos el tema que se va a tratar del problema que se quiere resolver.

En el último ítem «SOLUCIÓN FINAL», se cotejará si la solución alcanzada responde a lo que se buscaba.

No siempre se llega a una solución, de manera que se debe aceptar lo que surja confiando en que eso es lo mejor y lo que tiene que ser.

Tal vez lo que se desea no sea lo mejor para el consultante aunque él así lo considere.

38. ¿Es una imagen completa?

La imagen de solución puede ser incompleta o dar la sensación de estar inacabada ya que aquello que falta puede no estar presente en la vida del consultante ni en la de ningún miembro del sistema. Ejemplos: una madre con una hija que está embarazada, un adolescente que aún no decide su futuro o una pareja con un proyecto que prevé alcanzar a largo plazo. En estos casos, a pesar de que la imagen de solución sea incompleta, podrá darse por finalizada la constelación.

39. ¿Es una imagen estática o en movimiento?

Es posible que la imagen final de la constelación sea con algún representante dirigiéndose hacia algún lugar como una próxima pareja, un nuevo trabajo, un destino mejor. A esto le llamamos «imagen en movimiento». Otros ejemplos de imágenes finales en movimiento son cuando alguien necesita salir del sistema, una pareja forma una nueva familia fuera de la familia de origen, un hijo se aleja o un éxito está llegando.

Las imágenes estáticas nos hablan de soluciones que generalmente se pueden encontrar en el presente o a corto plazo.

Las imágenes en movimiento expresan soluciones que se deben alcanzar en plazos más grandes.

40. En caso de ser una imagen en movimiento, ¿hacia dónde se dirige?

Es importante tener presente hacia dónde va el representante cuando finaliza la constelación. Se puede considerar poner a un objeto o representante en el punto más lejano dentro del escenario simbolizando aquel lugar hacia donde se dirige. Hacer esto ofrecerá pistas acerca del destino por alcanzar.

41. El sitio hacia donde se dirige el movimiento, ¿es un lugar positivo o negativo para el representante?

El punto que representa el destino por alcanzar puede ser bueno o malo como la vida o la muerte, el éxito o el fracaso, una nueva y buena pareja o un examor imposible, abundancia económica o dificultades.

En caso de ser lugares negativos, tomaremos en cuenta la posibilidad de tener que seguir constelando. Ejemplo de esto último es el caso de un paciente que tenía problemas con su pareja y se estaba planteando la separación. Cuando llegamos al final de su constelación, coloqué dos muñecos delante de él sabiendo en mi interior que el muñeco de la derecha representaría a una buena pareja para él y el de la izquierda, a una mala pareja. Lamentablemente, mi consultante se dirigió hacia la izquierda, lo que nos estaba indicando que aún se necesitaba seguir constelando la elección de pareja en otra sesión.

42. ¿Qué sensación genera la visión del escenario final?

Al llegar a la solución final de la constelación, el consultante tendrá diferentes sensaciones.

Analizar las diferencias entre la primera y la última imagen de la constelación y tomar consciencia de lo que se siente frente al nuevo ordenamiento puede ayudar a que la solución mostrada genere cambios posteriores en el consultante y en su sistema.

No hace falta explicar nada. Se trata sólo de observar, tomar consciencia y sentir para, finalmente, integrar.

43. ¿De dónde ha provenido la fuerza para resolver la constelación?

Revisamos qué recurso o representante es quien ofrece la ayuda para resolver la constelación.

Descubrir esa fuerza es una manera de asentir a aquello que proviene generalmente desde más atrás: padres, ancestros, muertos y excluidos, que pugnan por colaborar en alcanzar la solución.

A veces, esas fuerzas sanadoras provienen del futuro, ya sea un hijo o la nueva pareja, o bien de un anhelo espiritual, como la ayuda otorgada por un ser superior.

En cualquier caso, reconocer esa fuerza es una manera de honrarla y dignificarla, y de darle un lugar en el alma teniéndola presente.

Recordemos: se habrá llegado al final de la aplicación del protocolo cuando no necesitemos o no se puedan realizar más movimientos.

8. CIERRE

Cuando se alcanza la solución final, el consultante debe realizar tres pasos:

1. Mirar y tomar consciencia de la nueva imagen que se ha generado.
2. Interiorizar la imagen dejándola descansar en el alma.
3. Preguntarse qué quiere hacer a partir de ahora con esa información.
4. Actuar en consecuencia.

Para realizar el primero, segundo y tercer paso, se tomará una foto de la constelación.

Para realizar el cuarto paso, se le sugerirán indicaciones concretas.

Foto

Al terminar, se obtendrá una foto de la imagen de solución final de la constelación para tenerla presente a la hora de meditar sobre ella. Dicha imagen deberá dejarse reposar en el alma, por lo tanto, no se requerirá de una elaboración mental, sino de una comprensión del corazón.

Con el fin de ayudar a que la imagen de solución sea introyectada, se recomendará al consultante intentar visualizarla la mayor cantidad de veces posibles durante el día, en especial antes de irse a dormir, apoyando la visualización con las últimas frases sanadoras que podrán haberse grabado.

No nos conformamos con esperar resultados. Buscamos buenas sensaciones y confiamos en que el recuerdo de la imagen de solución nos las traiga así.

Indicaciones

Tanto si se llega a una solución final como si no, el consultante recibirá indicaciones.

En general, todo lo sucedido en la constelación debe reposar en calma para poder ser introyectado. Este proceso de internalización requiere de determinados aspectos según cada persona: espacio, intimidad, silencio, tiempo, etc. La rumiación mental puede impedir esta elaboración, por lo tanto, es necesario dejar al consultante tranquilo y no preguntarle cómo se encuentra ni pedirle que inmediatamente participe como representante en otra constelación del taller. De manera que se sugerirá al grupo que no se acerque a hacerle preguntas, y al consultante, que guarde lo acontecido para sí mismo sin dar justificaciones ni buscar explicaciones en los demás. Cuanto más respeto e intimidad se guarde a una imagen de solución, mayor posibilidad de éxito tendrá la constelación.

En ocasiones, es recomendable comentar lo sucedido en la constelación. Ejemplos: cuando se ha constelado la toma de decisión sobre un tema que implica a otras personas (tener un hijo, comprar una propiedad, realizar una inversión de capital conjunto, cambiar de país), cuando se ha constelado un problema que afecta a la pareja y sólo ha asistido al taller uno de los dos, cuando se esté revisando el árbol genealógico y se necesiten más datos.

Otras indicaciones pueden ser: determinar el tema que se vaya a constelar en una próxima sesión según el Mapa de Constelaciones Familiares o proceso terapéutico que se esté siguiendo, realizar una meditación o ritual específico, o cualquier otra sugerencia u orientación importante para el consultante.

CONSTELACIONES FAMILIARES INDIVIDUALES

–PROTOCOLO–

1. APERTURA

   1. ¿Cuál es el tema que se va a tratar?
   - Centrado en lo que preocupa al consultante
   - Expresado en una o dos palabras o en una frase corta
   - Sin críticas ni desvalorizaciones
   - Agregando datos o informaciones necesarias

   2. ¿Si esto fuera posible, qué quieres lograr respecto al problema?
   - Claro y concreto
   - Formulado uno solo cada vez
   - Posible de alcanzar mediante la técnica
   - Centrado en la propia persona
   - Referido a uno mismo, a un descendiente o a alguien del mismo nivel o inferior

   3. ¿Cómo te darás cuenta de los resultados de la constelación?
   - Buscamos la emoción

2. REPRESENTANTES
   - Elección de representantes según el tema
   - Opción de elegir a un representante como espectador
   - Selección a cargo del consultante o del constelador
   - Consigna
   - Significado de la selección
   - Interpretación de los olvidos y confusiones

3. OBSERVACIÓN

Del terapeuta a los representantes

4. ¿Qué siento al ver esta imagen?

5. ¿Me dice algo el tamaño que tienen los representantes elegidos?

6. ¿Qué formas geométricas se han creado?
- *Triángulos*
- *Líneas rectas*
- *Representantes enfrentados*
- *Representantes dando la espalda*
- *Círculos*
- *Cuadrados*
- *Falta de alineación o composición desordenada*
- *Composiciones perfectamente ordenadas*

7. ¿La ubicación que tienen los representantes es fija y estable?

8. ¿Qué distancia hay entre los representantes?

9. ¿Algo o alguien queda fuera del grupo?

10. ¿En qué lugar se ubican los representantes masculinos y femeninos?

11. ¿Hacia dónde mira cada uno de los representantes?
- *Mirar a lo lejos*
- *Mirar hacia atrás*
- *Mirar hacia delante*
- *Mirar al suelo*
- *No poder mirar a los ojos*

Del terapeuta al espectador

12. ¿Forma parte de alguna figura geométrica?

13. ¿En qué sitio se ha colocado con respecto al grupo?

14. ¿Hacia dónde mira?

15. Si formara parte de la familia, ¿quién sería?

16. Si fuera alguna cosa, ¿qué sería?

Del consultante a los representantes

17. **¿Qué sientes al ver esta estructura y qué te llama la atención?**

18. **¿Te dice algo el tamaño que tienen los representantes elegidos?**

19. **¿Para qué crees que tienen esta disposición entre ellos?**

20. **¿Hacia dónde miran cada uno?**

21. **Si imaginas a los representantes como una familia, ¿qué te llama la atención?**

Del consultante al espectador

22. **¿Qué tamaño de muñeco has elegido para el espectador?**

23. **¿Forma parte de alguna figura geométrica?**

24. **¿A qué distancia se encuentra de los demás?**

25. **¿En qué sitio se lo ha colocado con respecto al grupo restante?**

26. **¿Hacia dónde mira?**

27. **Si formara parte de tu familia, ¿quién sería?**

28. **Si fuera alguna cosa, ¿qué sería?**

4. SENSACIONES

– *Con una sola mano*

– *Uno cada vez*

– *Sin moverlos de lugar*

– *Sin taparles la cara*

– *Sintiendo con los ojos abiertos*

29. **¿Qué siente cada uno de los representantes?**

30. **¿Qué siente el espectador?**

5. FRASES SANADORAS Y PROCEDIMIENTOS ESPECÍFICOS (rituales)

– *Frases sanadoras*

– *Rituales*

6. MOVIMIENTOS

31. **¿Algo o alguien quiere cambiar de lugar?** *(Respetamos el Orden de Jerarquía)*

32. **¿Algo o alguien falta en esta imagen?** *(Respetamos el Orden de Pertenencia)*

33. **¿Algo o alguien tiene necesidad de decir algo más? ¿Están todos dando y tomando de manera equilibrada?** *(Respetamos el Orden del Dar y el Tomar)*

7. SOLUCIÓN FINAL

34. **¿Se encuentran todos los representantes y el espectador en el sitio más correcto para ellos?**

35. **¿Se sienten todos bien?**

36. **¿Están todos dando y recibiendo de manera equilibrada?**

37. **¿La imagen de solución final responde a lo que se necesitaba solucionar?**

38. **¿Es una imagen completa?**

39. **¿Es una imagen estática o en movimiento?**

40. **En caso de ser en movimiento, ¿hacia dónde va?**

41. **El sitio hacia donde se dirige el movimiento, ¿es un lugar positivo o negativo para el representante?**

42. **¿Qué sensación genera la visión del escenario final?**

43. **¿De dónde ha provenido la fuerza para resolver la constelación?**

8. CIERRE

– *Foto final*

– *Indicaciones*

CONSTELACIONES FAMILIARES INDIVIDUALES

–FICHA DE SEGUIMIENTO–

1. Tema tratado según el Mapa de Constelaciones Familiares

....

2 Objetivo de la autoconstelación

....

3. Movimientos que hay que destacar

....

....

....

4. Solución final encontrada. Subraya   SÍ   NO

5. Representante que ha otorgado la fuerza para la resolución

....

....

....

6. Descripción de la foto final

....

....

....

....

....

7. Recomendaciones futuras

....

....

....138...

Nombre y apellidos del consultante

....

Lugar ....

Fecha de la autoconstelación ....

CAPÍTULO 3

Constelaciones familiares grupales

«I diu un nen de 5 anys:
—Això de les constel·lacions, què és mama?
I respon el germà de 8 anys:
—Com un teatre on et veus i així arregles coses de la teva vida».
Traducción: «Y dice un niño de 5 años:
—¿Eso de las constelaciones, qué es mamá?
Y responde el hermano de 8 años:
—Como un teatro donde te ves y así arreglas cosas de tu vida».

INTRODUCCIÓN

Características de las Constelaciones Familiares grupales

Constelaciones Familiares grupales es una terapia que se aplica para resolver problemas personales o familiares a través de la ayuda de un grupo de personas y la guía de un terapeuta constelador.

Herramienta esencial: la percepción fenomenológica

Más allá de todo protocolo o método de aplicación de las Constelaciones Familiares, la herramienta básica es la percepción fenomenológica. Se trata de una mirada abierta a las manifestaciones que puedan ir llegando. La característica principal de esta atención es que sea realizada sin tener miedo y sin ejercer ningún tipo de crítica que pueda perturbar la intuición. A menudo se la define como subliminal y recuerda al concepto de *atención flotante* del psicoanálisis.

A diferencia de otras modalidades terapéuticas como las Constelaciones Familiares individuales o las autoconstelaciones, en el tratamiento grupal, la atención del terapeuta se dirigirá hacia las manifestaciones emocionales o físicas de los:

– Representantes
– Integrantes del grupo que se encuentran sentados observando
– Consultante que plantea su problema
– Constelador

Material de trabajo auxiliar

En las Constelaciones Familiares grupales se trabaja con personas, pero hay otros objetos simbólicos que pueden ser necesarios a la hora de constelar:

– Para abortos y temas relacionados con la maternidad: muñecos del tamaño de un bebé.
– Para abundancia, dinero y éxito en la vida: fotocopias de dinero, chequera, tarjetas de crédito.
– Para herencias, alquiler y venta de propiedades: carteles de venta, alquiler o traspaso, escrituras de compraventa, testamentos, planos de propiedades, péndulo.
– Para adicciones y destinos difíciles: lazos, cuerdas, una tijera, un cúter, un abrecartas, una espada o alguna herramienta de tamaño pequeño que represente algo cortante.

- Para secretos familiares: un cofre, piedra, «comecocos» o adivinador de papel.
- Para representar a alguien fallecido: un almohadón, una caja, una cruz.
- Para temas religiosos: minerales, pirámides de cristal, figuras religiosas, talismanes.

Recomendación de aplicación

Recomiendo constelar grupalmente en los siguientes casos:

- Cuando se necesiten resolver asuntos que requieran más información de lo que pueda obtenerse a través de una sesión de constelación individual o en una autoconstelación.
- Cuando se esté siguiendo un tratamiento psicológico, análisis personal, terapia de pareja o familiar, y se quiera corroborar ciertos puntos a través de lo que expresen otras personas.
- Cuando se desee construir el Mapa de Constelaciones Familiares mediante la aportación de la vivencia grupal.
- Especialmente, cuando se esté aplicando el método creado al que denomino *Coaching Inmobiliario,* para la resolución de temas de empresas, inversiones, préstamos hipotecarios, herencias, operaciones inmobiliarias y automovilísticas en general. En el *Coaching Inmobiliario* se utilizan también otras técnicas alternativas y energéticas además de las Constelaciones Familiares grupales. Puedes tener más información acerca de este método en: http://alejandramitnik.com/

Consideraciones importantes a la hora de constelar

Cuando en una constelación grupal alguien se pone en la piel de otra persona para sentir su modo de pensar, actuar y así ayudar, está realizando un esfuerzo físico, psíquico, emocional y espiritual. Dicho esfuerzo represente un verdadero acto de entrega y amor.

Las Constelaciones Familiares grupales comprometen en gran medida al sistema energético de las personas que participan. Para prevenir el desgaste que pueda darse a través de este trabajo, recomiendo no constelar a pacientes muy debilitados física y emocionalmente, confundidos, inestables o depresivos hasta que no se encuentren más fortalecidos y equilibrados.

Sugiero precaución en casos de consultantes exaltados o agresivos y dejarlos en manos de un constelador experimentado que pueda afrontar cualquier posible complicación.

En los casos de pacientes con trastornos psicológicos graves, aconsejo que las constelaciones grupales se realicen con un terapeuta formado en psicología o psiquiatría y siempre acompañado del tratamiento de una terapia que les permita contar con la ayuda y el debido acompañamiento posterior.

Al contar con embarazadas dentro de un taller, no permitiremos que éstas actúen como representantes. El movimiento energético que se produce puede ser muy intenso y debemos cuidar cualquier afectación en esta etapa.

Contacto con el consultante y los representantes

En las Constelaciones Familiares grupales, la comunicación del terapeuta se transmite a través de la palabra, los gestos y la mirada. Previamente a comenzar la constelación, el terapeuta permanecerá sentado al lado del consultante para obtener las informaciones necesarias. Luego se pondrá de pie para introducirse en el Campo de conocimiento y tener una visión general de lo que sucede dentro y fuera de éste.

Recordemos que el Campo de conocimiento hace referencia al espacio en el que se desarrolla la autoconstelación y en el que se reciben las informaciones. Este campo permite el acceso a hechos, secretos familiares y sentimientos de los miembros del sistema, aunque no estén presentes o sean desconocidos.

Ocasionalmente, el terapeuta podrá aproximarse a los integrantes para sentir su carga energética, insistir en alguna indicación o acompañar en caso de desborde emocional.

En general, deberá mantener una *distancia óptima*, concepto tomado de la psicología social, que hace referencia a la actitud que debe tener todo coordinador de grupo para poder observar e interpretar objetivamente lo que sucede sin involucrarse o alejarse demasiado.

Consecuencias de participar en un taller grupal de Constelaciones Familiares

La terapia de Constelaciones Familiares enriquece la vida de las personas produciendo cambios duraderos.

Quien tiene la oportunidad de participar en una constelación en cualquiera de sus modalidades, queda siempre conmovido o, al menos, sorprendido.

Cuando se trabaja en grupo, los beneficios de la técnica van más allá del consultante constelado y afectan a los participantes que hayan vivido algo parecido a lo que se trata en el taller.

Con poca frecuencia, puede sentirse algún tipo de malestar después de la constelación. Esto es más común que ocurra al actuar como representante aunque también puede suceder cuando sólo se ha participado observando. No puedo afirmar cuáles son los mecanismos generadores de estos síntomas, pero he podido comprobar que existe una correlación entre el participante afectado, el papel que se ha tenido que representar y el tema tratado en la constelación. En cierta medida, estos tres elementos están relacionados y quien sufra cualquier tipo de malestar después de constelar, debería preguntarse qué aspecto del problema le queda aún por resolver. Es posible que algo del asunto no esté elaborado y todavía resuene en él al volver a vivenciarlo a través de la historia de otra persona.

Para no quedarse con algún tipo de incomodidad, invito a hacer una ronda de la técnica de EFT (Técnicas de Liberación Emocional), también conocida como *Tapping*. A través de EFT, podemos liberar toda emoción negativa y malestar físico asociado a dicha emoción. Para quienes deseen conocer de qué manera se aplica la técnica, recomiendo mirar mis vídeos sobre EFT a través de YouTube. Cuando se utiliza EFT en talleres de Constelaciones Familiares grupales, sugiero repetir estas frases mientras se hace *tapping* en cada uno de los puntos específicos del cuerpo.

PK (punto kárate, en el canto de la palma de la mano): Gracias... (nombre del consultante) por permitirme ayudar a constelar tu tema. Ahora, dejo todo lo que pertenece a tu sistema y a pesar de este malestar que me ha quedado, te doy un lugar en mi corazón y te devuelvo lo que no me corresponde. Por ello, me quiero y me acepto profunda y completamente. (Repetimos la frase completa tres veces).

CC (comienzo de la ceja): Este malestar que me ha quedado, lo devuelvo a quien le corresponde y lo dejo ir.

LO (lado del ojo): Cualquier malestar que me haya quedado, que no me corresponda ni me pertenezca, lo dejo ir ahora.

BO (bajo el ojo): Dejo ir todo malestar que no tenga que ver conmigo y vuelvo a mi sistema para sentirme bien.

CI (clavícula): Yo vuelvo a ser YO, con mi sistema y mi destino, y bendigo el sistema y el destino de... (nombre del consultante).

Bb (bajo el brazo): Ahora puedo dejar todo aquello que no me corresponde ni me pertenece y sentirme bien.

Bp (bajo el pecho): Ahora me siento mejor y libre para seguir mi destino, sin llevarme nada de otro sistema que no sea el mío.

Co (coronilla): Aunque antes había sentido un ligero malestar, ahora me siento mejor y en paz, y por ello me quiero y me acepto ¡profunda y completamente, profunda y completamente, profunda y completamente!

Otros procedimientos que ayudan a salir de los papeles representados y alivian rápidamente cualquier sensación de malestar que quede después de constelar, pueden ser: tomarse unos minutos de descanso entre una y otra constelación, mojarse la cara y lavarse las manos, ponerse en movimiento y salir fuera.

En caso de que algún participante se haya quedado mal después de una constelación, resulta muy eficaz el siguiente procedimiento:

Se le pide al cliente que se coloque de pie frente al participante afectado y, con las palmas de las dos manos hacia arriba, le diga:

Un cierre habitual que se realiza después de cada constelación es el ritual de agradecimiento a los que aparecieron y sirvieron a encontrar una solución.

Si bien se acostumbra a que sean los representantes y el cliente quienes pronuncien las siguientes frases, dejando de lado a los otros observadores, considero que debe ser la totalidad del grupo quien las formule porque todos participan en alguna medida dentro de la constelación.

Cuando la constelación realizada ha requerido demasiado tiempo y esfuerzo se han tratado temas difíciles o se hayan generado emociones muy intensas, las indicaciones anteriores pueden ser útiles, no sólo para quienes hayan constelado, sino para todo el grupo.

Personalmente, cuando trabajo en Constelaciones Familiares grupales y ocurre alguna de estas situaciones, me es muy útil realizar la siguiente rutina:

Para culminar un taller, realizo trabajos de interacción en pareja o
en grupos reducidos, meditaciones relacionadas con temas de Constelaciones Familiares o baile final con músicas estimulantes.

Duración de una constelación familiar grupal

La duración de una constelación grupal puede ir desde treinta minutos a una hora y media, dependiendo del caso, consultante, grupo y
constelador.

Algunos factores que influyen en la duración pueden ser:

— Si el tema que se va a tratar implica a otros miembros de su familiar.
— Si el problema viene del pasado.
— Si las consecuencias de lo que le ocurre afectan a más personas.

Finalización de una constelación grupal

Una constelación finaliza cuando todos los representantes se encuentran bien, han podido expresar todo lo que tenían que decir y sienten
que en el lugar en el que están ubicados en relación a los otros, son
reconocidos y apreciados. Allí, cada uno recupera su dignidad asumiendo lo que le corresponde, centrándose en sí mismo, sin interferir
en la esfera de los demás.

Al mirar al conjunto de la imagen formada, a la que en esta terapia
se denomina *imagen de solución final*, se percibe un orden sistémico
que conmueve y tranquiliza.

En definitiva, la tarea del constelador en una constelación familiar grupal, es ayudar a que el consultante logre percibir una imagen sanadora en la que pueda reconocerse, como cuando miras una foto de tu infancia y sabes que parte de tu ser ha quedado allí. En las constelaciones, reconstruimos la parte del alma disociada y le damos un nuevo destino.

Puede que, a pesar del esfuerzo y dedicación, no se llegue a esta situación de orden y tengamos que poner punto final al trabajo grupal. Veamos algunos de estos casos:

Representantes

Recomiendo poner fin a una constelación aunque no se haya alcanzado la solución final, cuando los representantes presenten síntomas de agotamiento, necesiten sentarse, no estén centrados o quieran salir de sus papeles.

Participantes

En las Constelaciones Familiares grupales, es relevante la participación de las personas que desde afuera y sentados conforman el grupo de observadores, ya que cualquiera de los integrantes puede conectar con la energía de algún miembro del sistema o dar datos significativos para resolver la constelación.

El mensaje: «Tú también aportas» resume considerablemente la importancia de toda participación. Por lo tanto, aunque no se haya llegado a la resolución de un tema, cuando el grupo presente dé muestras de cansancio y distracción, será mejor terminar la constelación. Móviles que suenan aun siendo puestos en silencio, toses, bostezos, estiramientos, cuchicheos, integrantes que se levantan uno tras otro para ir al lavabo, son señales a las que debemos estar atentos porque nos indicarán que la concentración de los participantes se está perdiendo.

Consultante

Sugiero finalizar la constelación cuando el consultante se encuentre muy agresivo o no acepte, bajo ningún punto de vista, lo que se muestra en el desarrollo de la misma. En estos casos es mejor esperar y dejar la constelación para otro momento.

Constelador

Se debe poner fin al trabajo cuando el terapeuta se haya bloqueado. Algunas de las preguntas que surgen ante una situación de bloqueo son: ¿Qué significa esto que se muestra?, ¿cómo dirijo aquello que se ha estancado aquí?, ¿de qué manera continúo este proceso?, ¿por dónde encuentro la ayuda para esta persona?, ¿por qué me siento perdido y aturdido?

Los bloqueos pueden venir por ***factores internos*** del terapeuta, como por ejemplo:

– Problemas físicos: cansancio, agotamiento, dolores musculares, de cabeza o síntomas diversos.
– Problemas emocionales: situaciones especiales de su vida que lo distraigan del trabajo, como estar pasando un duelo o una separación difícil.

También puede suceder que el terapeuta se bloquee por ***factores externos*** que no tienen que ver con él pero sí con el aprendizaje de vida que debe realizar el consultante. La imagen de estancamiento que se observa en la constelación afecta al terapeuta, el cual no puede ayudar a avanzar ni a generar ningún otro cambio. Una interpretación factible ante este hecho es que esa imagen representa la realidad que al paciente le toca vivir en esos momentos con respecto al problema, una realidad que no da para más. Admitir esta imposibilidad de avanzar por parte del terapeuta y comunicárselo al consultante puede desencadenar, en el interior de este último, un proceso de cambio curativo. A veces, no nos entusiasma encontrarnos con determinadas situaciones porque deseamos finales mejores, pero aún así, en esos finales dolorosos, no tan amorosos, no tan esperados, el consultante puede encontrar un mensaje positivo para él.

Observación de los resultados

Al principio del desarrollo de la técnica, se establecía como tiempo de resolución entre los seis meses y dos años. Hoy en día, los resultados de una constelación grupal se pueden observar inmediatamente o a lo largo de los días siguientes.

Constelar un mismo tema requerirá dejar pasar un tiempo prudencial para verificar si se ha obtenido el resultado que se buscaba o, al menos para permitir que la imagen de solución se asiente en el alma del constelado y se integre.

Para constelar temas diferentes no se requiere un tiempo de espera. En caso de no obtener cambios, sugiero volver a constelar porque pueden haber aflorado otros aspectos que no aparecieron en la constelación anterior y que ahora se hace necesario revisar.

La constelación familiar grupal está indicada como herramienta dentro de un proceso terapéutico individual, de pareja o familiar. Los objetivos finales serán la toma de consciencia, el crecimiento personal, el fluir del amor y la mejora de las relaciones entre los miembros de una familia. Ante estos objetivos tan complejos y profundos, los tiempos de tratamientos dependerán de cada individuo.

Alcances de las Constelaciones Familiares grupales

Después de constelar, es común recibir reportes de consultantes asombrados por los cambios que ocurren en sus familiares o en personas de su entorno, aunque la constelación haya sido sobre un tema personal.

Las constelaciones actúan más allá del alma del constelado, afectando también a quienes dependen o están en relación con él.

REFLEXIONES

«¿Cuándo voy a ver el resultado de mi constelación?»

Las Constelaciones Familiares afectan a más de un miembro de la familia, no sólo a la persona que constela su problema, de manera que, desde el punto de vista sistémico, funcionan en diversos niveles: personal, familiar, ancestral…

Muchos se preguntan: Y después de constelar, ¿cuándo voy a ver el resultado de mi constelación?

A veces, los resultados se obtienen durante el taller o al terminarlo. Esto ocurre porque ha habido una comprensión inmediata por parte de la persona que constela. La aceptación por el cambio, lo lleva a poner en movimiento todos los recursos disponibles y a encontrar los nuevos que necesite. Ejemplos de estas «comprensiones instantáneas» son los casos en los que las personas logran ver, sentir y entender lo que está pasando durante el desarrollo de la constelación: un hombre reconoce el amor que aún siente por su expareja, una madre comprende el agobio que crea en su hijo, una mujer acepta lo que le cuesta disfrutar su sexualidad, un joven descubre un trauma ocurrido en su infancia, una hija siente repetir aquello que sufrieron las otras mujeres de su vida.

En otras ocasiones, las respuestas llegan en poco tiempo porque algo del sistema, más allá de la persona que ha constelado, se pone en movimiento. Recuerdo el llamativo caso de aquella mamá que quería tener una relación más asidua con su exmarido, quien vivía en otro país y del que hacía meses que no tenía noticias ni sabía dónde buscarlo. Al regresar a casa tras la constelación, la madre se encontró sorprendida con un mail. Era de su exmarido y preguntaba por su hijo.

También significativos son los casos de personas que buscan trabajo y, asombrosamente, a los pocos días de constelar, reciben alguna oferta. Ni qué decir de las propiedades que llevan años sin venderse y que al ser constelada la venta o el alquiler, en muy poco tiempo pasan a estar en manos de otros dueños. Incluyo aquí los beneficios que pueden manifestarse en el caso de constelaciones para animales, objetivos personales para el futuro y logro de proyectos soñados. A estos «resultados que dependen de otros» y que vienen milagrosa o mágicamente, los considero los más espectaculares de vivenciar.

Pero, ¿qué ocurre en las situaciones en las que una constelación no aporta cambios inmediatos?

A veces, las soluciones tardan y no se encuentran porque no es el momento apropiado para que lleguen a la vida de esa persona. Tal vez aún faltan elaboraciones y ajustes que hacer antes de que se puedan realizar cambios. Puede que esos cambios sean tan importantes, dolorosos y complicados que la persona necesite estar preparada para realizarlos y eso implique, además de madurez, algo de tiempo. Puede que los cambios requieran de la colaboración de otras personas que aún no están preparadas para ello. Ejemplos de estos *movimientos que requieren tiempo* son aquellos en los cuales la solución aparece en la semana siguiente a la constelación, al mes del taller o mucho más tarde: un proyecto que se concreta después de un tiempo, una pareja que aparece después de varias constelaciones, una decisión empresarial que se toma junto con otros miembros que se encuentran fuera.

Por último, tenemos los casos en los que queda la sensación de que la constelación no sirvió para nada y son aquellos en los cuales la solución no aparece o se ofrece otra muy diferente a la buscada. Sucede cuando el consultante tiene una expectativa determinada y no admite ninguna otra posibilidad. Su mirada es incapaz de centrarse en otra dirección que no sea su objetivo, pero sobre todo, no está dispuesto a ver, reconocer o aceptar. En estas constelaciones, las soluciones que se muestran no son las que el consultante espera, por una sencilla razón: *«los movimientos necesarios no son posibles en ese momento»*. Ejemplos de estas soluciones diferentes a las esperadas, lo representan la pareja que no logra unirse y terminan cada uno por su lado, el hijo que aún no puede honrar a sus padres, el profesional que no logra atraer a sus pacientes. Para estos últimos casos, la frase que recomiendo revisar, es:

«Las Constelaciones Familiares dan soluciones positivas pero si en algún caso no se encuentran, pregunta qué es lo que no se quiere ver, qué cuesta tanto de aceptar y de qué se está protegiendo».

METODOLOGÍA

Para facilitar la realización de las Constelaciones Familiares grupales he creado un protocolo que consta de ocho ítems:

1. Apertura
2. Representantes
3. Observación
4. Sensaciones
5. Frases sanadoras y procedimientos específicos (rituales)
6. Movimientos
7. Solución final
8. Cierre

Al finalizar el capítulo hay un listado sintetizado de los pasos del protocolo para facilitar su aplicación.

Por último, una Ficha de seguimiento para que el terapeuta la rellene después de cada constelación, lo que le permitirá llevar un control metódico del trabajo realizado con cada consultante.

1. APERTURA

El primer punto del protocolo es la APERTURA, en alusión a la expresión que se utiliza comúnmente en los talleres grupales cuando el constelador se dispone a comenzar el trabajo con la frase: *«Vamos a abrir la constelación»*.

Lo primero será preguntar sobre el problema que se va a tratar. Las respuestas que otorgue el consultante se revisarán al finalizar el protocolo. A fin de recordarlas más tarde, recomiendo escribirlas en una libreta. Para realizar las preguntas se sugerirá al consultante que tome asiento al lado del constelador, frente al resto del grupo, el cual quedará sentado formando un semicírculo o círculo según el espacio del lugar. En ese momento, el constelador se tomará unos minutos para sentir qué sucede cuando se encuentra junto al consultante y qué percibe cuando mira más allá de él, buscando imaginariamente a sus progenitores.

«Los padres dan y los hijos toman» es otra frase muy usada en esta terapia. Sentir qué pasa con mamá y cuán cerca está papá, intuir qué sentimientos existen entre el consultante y sus padres, es parte del ejercicio de la percepción fenomenológica que se explica en la introducción de este libro.

Esta introspección servirá para revisar si el tema que se va a constelar está correctamente planteado, para indicar sobre la elección de los representantes y para guiar el desarrollo de la técnica.

Una vez que el constelador haya dirigido su mirada hacia el consultante y retrospectivamente hacia el interior de sí mismo, podrá empezar con la primera pregunta del protocolo:

1. ¿Cuál es el tema que se va a tratar?

El tema es el título que colocaremos en la ficha de seguimiento y lo tomaremos del Mapa de Constelaciones Familiares para una vida equilibrada.

El tema deberá ser formulado de la siguiente manera:

Centrado en lo que preocupa al consultante
Puede ocurrir que el consultante asista al taller llevado por sus padres, la pareja o un amigo. Puede que en su interior, no tenga verdadero interés en constelar o no sepa para qué ha ido.

Si un tema no preocupa profundamente o no tiene importancia relevante para la persona que consulta, deberá constelarlo o tendrá que ser tratado con otra técnica terapéutica más adecuada.

Las Constelaciones Familiares implican un desgaste energético tanto por parte del constelador como del grupo participante.

En ocasiones, no se trata de interés ni de convencimiento, sino de falta de vitalidad, bloqueo mental o depresión.

Si el consultante no tiene la energía suficiente para dedicar a la constelación, quien la terminará poniendo en juego serán los demás, y como ya se ha expresado, se deberá prevenir todo desgaste energético innecesario.

Cuando en una constelación se llega a una solución del problema, la imagen formada deberá reposar en la persona constelada. La idea que más se acerca a este proceso puede ser tomada del psicoanálisis y hace referencia al mecanismo de introyección que toma las ideas y valores del mundo externo para hacerlas propias y, de esta manera, va conformando la personalidad.

Si el consultante no conecta con esa visualización, la imagen alcanzada perderá su fuerza, los resultados serán mínimos, pasajeros o se dejarán en manos de los representantes y del constelador, lo cual no es el objetivo de este tipo de terapia.

Cuanto más interés y carga energética dedique un consultante a su tema, más éxito obtendrá en sus resultados.

Expresado en una o dos palabras o en una frase corta

El tema deberá ser expresado de manera concreta y en pocas palabras: «Pareja», «Mamá», «Hijos», «Trabajo», «Jefe», «Amigos», «Sentimiento de poca valía», «Inseguridad», «Diagnóstico médico».

¿Por qué en pocas palabras? Porque el tema representa el primer acercamiento hacia lo que se va a constelar más tarde. También aquí, el terapeuta necesitará tomar un breve tiempo para sentir y percibir como lo hizo al comenzar.

El primer contacto con el consultante a través de su tema provocará una contratransferencia que un terapeuta experimentado sabrá interpretar. El término de contratransferencia está tomado del psicoanálisis y hace referencia a todas las ideas, sensaciones y reacciones que tiene el psicoanalista cuando establece una relación terapéutica con el paciente. Esta percepción contratransferencial es la que le permitirá al constelador sentir qué hay detrás de una frase corta y mirar más allá, hacia la conformación de su sistema familiar.

Sin críticas ni desvalorizaciones

Algunas personas acostumbran a extenderse en la formulación del tema y al hacerlo ejercen críticas y desvalorizaciones. Ejemplos: «Quiero constelar la relación con mi madre. Ella siempre fue una *persona controladora,* y aún hoy, después de treinta años, sigue tratándome como si fuera una niña». *«Mi padre fue siempre muy frío y egoísta.* Desde que se separó de mi madre, no nos vemos casi nunca. De esto, hace catorce años. Quisiera constelar la comunicación con él».

La crítica y la desvalorización constituyen una forma de exclusión. Si permitimos que el consultante excluya a través de su discurso, estaremos descuidando lo que se estipula en el Orden de Pertenencia al que tanta importancia da la teoría de las Constelaciones Familiares. Recordemos brevemente cuáles son los Órdenes del amor que se deben tener en cuenta al constelar.

1. ORDEN DE LA PERTENENCIA: Todos los miembros de un sistema tienen derecho a pertenecer a él. Ningún miembro es prescin-

dible o puede ser olvidado. La existencia de este orden señala que los excluidos también forman parte, y por lo tanto, deben ser puestos a los ojos de los demás miembros para ser reconocidos e integrados dentro del sistema.

2. ORDEN DE JERARQUÍA: Quien ha llegado antes al sistema tiene prioridad y gracias a su ausencia o presencia hace posible que otros vengan después. La realidad de este orden determina que la fuerza de los vínculos es menor cuanto más alejada sea del origen.

3. ORDEN DEL EQUILIBRIO ENTRE EL DAR Y EL TOMAR: En todo sistema hay un intercambio. Para que el amor fluya, se mantenga y prospere, debe existir un equilibrio, una relación de igualdad entre lo que se da y lo que se recibe.

Sin agregar datos o informaciones innecesarias
No se debe permitir que se ofrezca información que pueda distraer del tema principal ni que se den datos que afecten a los representantes y que generen en ellos una posición a favor de uno u otro miembro. Las personas que participan en una constelación deben poder sentir libremente, sin ningún tipo de influencias. Cuanto menos sepan de la vida del consultante o del asunto que se va a tratar, mejor será la ayuda que puedan brindar.

Las Constelaciones Familiares van ampliando sus horizontes y cada vez se aplican en más áreas. Ya no sólo alcanzan a lo sistémico familiar, a los ámbitos de la salud, la educación, las organizaciones y empresas, sino también al logro de objetivos y proyectos personales. Pese a esta expansión, es importante corroborar si aquello que se quiere lograr en una constelación es posible hacerlo a través de esta técnica.

Teniendo en cuenta esta premisa, la segunda pregunta aconsejable tendría que ver con el objetivo y sería:

2. ¿Si esto fuera posible qué quieres logar respecto al problema?

El objetivo por lograr con la constelación deberá ser:

Claro y concreto

De la misma forma en que el planteamiento del problema fue expresado, lo que se quiere lograr con la constelación deberá ser formulado de manera clara para poder ser cotejado al finalizar la constelación.

Un ejemplo de demanda no clara sería: «Quiero *constelar mi ser* en el mundo, el cual tiene una *tristeza vital* llena de *sinsentido a nivel existencial*».

Otro ejemplo de demanda poco concreta sería: «El marido de mi hermana no la trata bien, y yo *no puedo soportarlo* porque ella no es de personalidad fuerte y está embarazada. No sé cómo lo aguanta. Nunca se llevaron bien y ahora vomita todos los días. Ella lo está pasando mal y no sé cómo ayudarla».

Si a la hora de constelar, el consultante no tiene claro qué necesita resolver ni qué quiere lograr con su constelación, podemos sugerirle que se tome unos minutos y luego realice su planteamiento. En estos casos es conveniente posponer dicha constelación para el final del taller, de manera que el consultante pueda aprovechar ese tiempo para relajarse, concentrarse en su problema y encontrar qué es lo que más carga emocional tiene para él y qué necesita solucionar con urgencia. Si después de esa pausa el consultante aún no se ha decidido, es mejor dejar la constelación para otro taller. Mientras tanto, es conveniente sugerir una sesión de terapia individual para aclarar los puntos del Mapa de Constelaciones Familiares que se vaya a seguir.

Formulado uno cada vez

Debemos centrarnos en un solo objetivo cada vez, ya que tener varias necesidades o problemas por resolver puede requerir de varias constelaciones. Ejemplos en los que hay varios objetivos: «Quiero re*lacionarme mejor* con mi madre, *comunicarme más* con mi padre, *llevarme bien* con mi marido y *ser escuchada* por mi hija». «*Tengo mucha tristeza* y no sé a qué se debe, siento que *no he podido cumplir con mi sueño de ser madre*, pero también sé que *pude ser una buena profesional*. No sé *qué me pasa con los hombres* y muchas veces pienso que tiene que ver con *la relación con mi padre*».

Posible de alcanzar mediante la técnica

Es importante que aquello que se quiera lograr pueda ser adecuado y factible de alcanzar a través de la constelación. Ejemplos de objetivos inadecuados para trabajar con Constelaciones Familiares son: *«Quiero que mi hijo sea pianista», «Quiero que mi amante deje a su esposa», «Quiero saber si me casaré», «Quiero constelar si debo aceptar recibir quimioterapia».*

Centrado en la propia persona

Cuando el consultante no tiene claro cómo formular el objetivo, podemos sugerirle que la demanda parta desde su persona, centrando su deseo en sí mismo. «Quiero constelar la sexualidad que tengo con mi pareja» (no la sexualidad *de la pareja*), «Quiero constelar mi relación con mi jefe» (no *al jefe*), «Quiero constelar la tristeza que tengo por la separación de mis padres» (no *a los padres*).

Referido a uno mismo, a un descendiente o a alguien del mismo nivel o inferior

El planteamiento del problema que se quiera tratar debe corresponder a temas personales o referidos a descendientes (hijos, nietos), a miembros que estén en un mismo nivel (pareja, hermanos), a quienes dependan de uno (hijos en adopción) o a los que uno tenga algo que ofrecer o se encuentren en un nivel jerárquico inferior (terapeuta a paciente, maestro a alumno, jefe a empleado, empresario a su negocio).

Una vez que tenemos claro el tema y el objetivo, pasaremos a preguntar por los resultados.

3. ¿Cómo te darás cuenta de los resultados de la constelación?

Es recomendable preguntar al consultante de qué manera se dará cuenta de que la constelación le resulta útil.

Su respuesta nos servirá para revisar los resultados y saber si valorará el trabajo realizado en su justa medida.

Si la respuesta no es alcanzable en un tiempo cercano, las posibilidades de lograr los objetivos se reducen. En este caso, será conveniente reformular aquello que se quiere lograr o esperar a que los objetivos se cumplan por etapas.

Buscamos la emoción

Mientras que en la segunda pregunta del ítem «APERTURA: ¿Qué quieres lograr respecto al problema?» buscábamos un verbo (*entender* a mi pareja, *escribir* un libro, *comprar* una casa), al preguntar: ¿cómo te darás cuenta de los resultados?, estamos buscando un sentimiento, una emoción.

Los siguientes ejemplos de respuestas en los que se encuentra claramente la emoción son: «Me daré cuenta de que la constelación de pareja me ha servido porque *me sentiré más paciente y amorosa con mi pareja»,* «Sabré que la constelación sobre el dinero ha funcionado porque *me encontraré con más iniciativa y ganas* de emprender otros negocios», «Veré que la constelación sobre la compra de una casa ha dado resultados cuando tenga decidido qué casa es la que necesito, descubra cuáles son mis posibilidades reales, sepa dónde buscarla y de qué manera adquirirla. Eso me dará *tranquilidad»*.

Buscamos que el consultante pueda expresar una emoción: «estaré tranquilo», «Me sentiré mejor», «Lo tendré más claro», «Me encontraré feliz».

Tomamos en cuenta la emoción y la anotamos para recordar exactamente cuáles han sido sus palabras.

Durante todo el desarrollo de la constelación estaremos atentos a detectar esta emoción porque, al encontrarla, habremos llegado al final de la tarea que nos ocupa.

Cuando en una constelación se alcanza la solución es porque se ha llegado a contactar con la emoción resolutoria que el consultante esperaba encontrar.

Una vez obtenidas las respuestas a estas tres primeras preguntas, pasaremos a la elección de los representantes.

2. REPRESENTANTES

Dentro de este punto se tendrán en cuenta:

Elección de representantes según el tema
Para indicar qué representantes es necesario elegir en cada asunto que se vaya a tratar, tendremos que llegar al capítulo 4, «Mapa de Constelaciones Familiares».

En líneas generales, podemos tomar como método de ayuda el siguiente procedimiento.

Buscar en la frase del objetivo propuesto por el consultante:

- Nombres
- Pronombres personales
- Sustantivos

Ejemplos: «*(Yo)* Quiero constelar la relación con mi *madre*». En este caso buscaremos representante para el consultante y la mamá. *«(Yo)* tengo dificultad para afrontar *cambios*». Aquí seleccionaremos un representante para el consultante y otro para los cambios. «*(Yo)* No sé si decidirme por la *adopción* o no». En este último ejemplo elegiremos un representante para el consultante y otro para la adopción. En los casos en que el sistema que se va a constelar necesite de muchos representantes, por ejemplo, una familia numerosa, una empresa con diversos puestos jerárquicos, o un hecho traumático en el que ha habido muertos, puede elegirse una persona que actúe en representación de varias. Por ejemplo, un representante para cuatro hermanos, un representante para la empresa o un representante para todos los muertos.

Opción de elegir un representante
como espectador

La idea de colocar un espectador surgió debido a ciertas experiencias vividas con mis pacientes.

En ocasiones, el consultante no puede reconocer ni aceptar aquello que se muestra, de manera que crea en él mecanismos que lo protegen del dolor y le ayudan a afrontarlo. Entre estos mecanismos están la negación de lo que ve, la desconfianza en la capacidad de los representantes o la transferencia de su angustia y descontento sobre la persona del constelador.

Al colocar un representante de un hipotético espectador, éste pasa a ser una figura de protección para salvaguardar la integridad de los representantes y del terapeuta. Si algo no sienta bien al constelado, ya no tendrán la culpa de ello los representantes que no hacen bien su papel, ni el constelador que no comprende lo que está pasando y carece de sensibilidad para guiar el trabajo.

Si hay un espectador dentro de la constelación, todas estas sensaciones podrán ser cotejadas con la mirada de un extraño que, a modo de testigo imparcial, sólo estará allí para observar, y que al tener una posición neutra, podrá dar fe de aquello que se muestra sin prejuicios, opiniones premeditadas o implicaciones sistémicas. Las características del espectador serán las siguientes:

— No pertenece al sistema familiar del consultante, pero forma parte del grupo de representantes de la constelación.
— Es ajeno y desconocido para todos.
— Viene de fuera y se coloca dentro del Campo de Conocimiento de la constelación.

Sus funciones serán:

— Observar, en forma discreta y distante pero a la vez concentrada y atenta, todos los detalles de la constelación.
— Registrar sin condicionamientos ni expectativas.

— Mantener una mirada neutra, sin juzgar a favor de nadie ni ejercer ningún tipo de valoración o crítica.
— Aceptar lo que ve sin prejuicios, opiniones premeditadas o implicaciones sistémicas.

El rol del espectador será análogo al de un taquígrafo que transcribe lo que se dice en un juicio o al de un notario que da fe y certifica los actos realizados ante él. Simbólicamente, podría corresponder a la figura de un árbitro.

A veces ocurre que el espectador pasa a ser una parte importante del consultante, como por ejemplo, su alter ego, o llega a representar algo que falta en su vida, como un valor o un sentimiento. También es posible que a lo largo de la constelación se exprese como un ancestro o familiar, convirtiéndose muchas veces en el excluido. En cualquiera de los casos, permitiremos que abandone el rol de espectador y represente ese nuevo papel. Generalmente, sorprende cómo el espectador pasa a generar, desde ahí, una verdadera fuerza sanadora. Cuando un consultante se siente perturbado por el espectador o rechaza su disertación final, podría tratarse de la utilización del mecanismo de negación como defensa a los problemas. Esto puede estar indicando desde un acercamiento a un tema difícil de elaborar o traumático, hasta una patología grave como falta de contacto con la realidad.

Durante el desarrollo de la constelación, no siempre es importante conocer la visión del espectador, pero sí es necesario saber cómo se encuentra al finalizar.

Una constelación termina cuando todos los representantes, se encuentran bien en el lugar que ocupan, incluido el espectador.

Por último, no todas las Constelaciones necesitan de la figura del espectador. Dependerá de si el consultante es una persona experimentada en la técnica, si tiene muchas resistencias frente al tema que se trate o de si el tema es complejo y requiere de una visión más amplia.

*Selección de representantes a cargo del consultante
o del constelador*

Las personas que van a representar un aspecto del problema que se constele pueden ser elegidas indistintamente por el consultante o el constelador. Recomiendo que al principio sea el consultante quien elija a los representantes. Más adelante, durante el transcurso de la constelación y para no distraerlo de su proceso de elaboración, los continuará seleccionando el terapeuta.

Consigna

Para elegir a los representantes, existen varias opciones. Personalmente, acostumbro a dar al consultante la siguiente consigna: «Elige entre los participantes de este grupo a alguien para que te represente a ti. Pregúntale si desea colaborar en tu constelación haciendo de ti mismo y, si acepta, dale las gracias. Cuando se haya levantado de su lugar, indícale que cierre sus ojos hasta que el constelador dé la orden de abrirlos. Cógelo por detrás a la altura de sus hombros y ubícalo dentro del espacio que queda formado por el resto del grupo. Realiza los movimientos lenta y suavemente, siguiendo la imagen que tienes en tu interior de tu familia (o de aquello que se vaya a constelar: pareja, hijos, trabajo). Continúa haciéndolo de la misma manera con cada representante que tengas que elegir. Una vez que termines la selección y ubicación, vuelve a sentarte a mi lado».

Significado de la selección

Puede elegirse un hombre para que represente a una mujer o viceversa, y a una persona para una cosa o a algo inmaterial. Cada elección tendrá su respectiva significación. Algo de la persona elegida tiene que ver con lo representado. Ese aspecto es lo que el consultante identifica como elemento en común y lo proyecta en la persona que selecciona.

En general, estos mecanismos de identificación y proyección son totalmente inconscientes y el consultante dice no saber por qué esa persona es la que le parece la más adecuada para representar, por ejemplo, a su hermano muerto al nacer o al primer marido de su madre. Casualmente, ese representante tal vez tenga un hermano muerto demasiado pronto, o puede que su madre haya tenido un amor al cual aún no ha podido olvidar.

A estos mecanismos psicológicos se unen otros, difíciles clasificar para mí, que posiblemente tengan que ver con lo akáshico o lo kármico y que he podido constatar a través de las experiencias con alumnos, consultantes y pacientes. Me estoy refiriendo a las ocasiones en las que los integrantes del grupo saben de antemano, como si de una predicción se tratara, que serán seleccionados para representar determinados papeles, a las coincidencias que se producen cuando un participante es elegido para representar el mismo papel en todas las constelaciones del taller o a las ocasiones en que un miembro del grupo está viviendo en su propia vida la misma situación que le toca constelar. Considero que todas estas «coincidencias» tienen razones poderosas que las generan. Mi opinión personal es que el Campo de conocimiento, ese sitio al que llega la información de aquello que no se conoce y tiene que ver con la familia y la vida del consultante, se manifiesta no sólo dentro del espacio creado por los representantes, sino a través de todo el grupo, incluyendo al consultante y al terapeuta que constela.

En este sentido tan amplio, todos los que participan en un taller pueden tomar contacto con el Campo de conocimiento. De esta manera, el alcance de los beneficios de la constelación puede ir más allá del constelado y extenderse a quienes tengan que resolver temas similares a los tratados en cada constelación. Ejemplos: Una mujer que no ha podido aún ser madre es elegida para hacer de mamá en todas las constelaciones de un taller monográfico sobre maternidad. Un hombre que no tiene contacto con su padre desde la adolescencia ocupa los papeles de niños o adolescentes que no han aceptado aún a su papá. Un padre que en la vida real tiene dificultades con su hija es elegido para hacer de padre de una hija con la cual no se relaciona. Otra de las «coincidencias» que se observa a la hora de trabajar a nivel grupal tiene que ver con los temas que se traten.

Es común que en un taller que no sea un monográfico de un tema elegido con anterioridad, todas las constelaciones que surjan sean referentes al mismo asunto: «Relaciones entre hermanos», «Abortos», «Muertes tempranas», etc. En esas ocasiones, puede dar la impresión de que todos los consultantes se hayan puesto de acuerdo y pidan constelar lo mismo. Ante este hecho tan azaroso no tengo respuesta que lo explique; sin embargo, es algo que he podido constatar con otros consteladores a los que también les ha ocurrido. Me inclino por pensar que es un mensaje para el constelador al que no por casualidad le llegan dichos casos.

Algo sobre el tema que se repite deberá ser revisado por el terapeuta en su propio análisis o momento de vida.

Interpretación de los olvidos y confusiones

A veces, la selección y ubicación de los representantes puede ser algo complicado para el consultante.

Algunas personas tienen dificultades para colocar a los representantes, no saben en qué lugar ubicarlos o los cambian varias veces de sitio. La pregunta de: «¿Dónde lo ubico?, y la expresión de: «No sé dónde ponerlo» ya nos están hablando de exclusión.

Otras personas se olvidan de elegir a un representante o de buscar a alguien para que los represente a ellos mismos, como si no formaran parte de la familia.

También puede ocurrir que, a la hora de revisar quién es cada uno de los seleccionados, no se acuerde o se confundan los papeles. Los despistes a la hora de desplegar la constelación nos indicarán posible desorganización dentro de la familia y alteración de los principios sistémicos.

En algunas ocasiones, los olvidos y confusiones pueden llevarnos a secretos familiares ya que, al igual que los actos fallidos, representan la expresión de lo inconsciente y reprimido.

Para corroborar si estas incidencias tienen importancia considerable, recurriremos a los siguientes pasos del protocolo.

Participación del consultante como representante

En ocasiones, invitamos al consultante a que deje de permanecer sentado observando para pasar a ser representante de él mismo en su constelación. Esto ocurre cuando deseamos que la vivencia sea más directa para que pueda experimentar por sí mismo aquello que se resuelve.

Especialmente, sugerimos al consultante que participe como representante cuando realizamos rituales, meditaciones y movimientos muy profundos.

Si invitamos al consultante a que se integre en la constelación ya empezada, su representante se mantendrá a su lado y ambos participarán a la par en los movimientos que se realicen.

Algo muy común es que el representante del consultante realice los procedimientos indicados por el constelador con mayor soltura y, por lo tanto, se encuentre mejor antes que el consultante.

En estos casos en los que el *insight* (término proveniente del inglés que alude al momento terapéutico en el que el paciente produce una comprensión profunda de una interpretación de lo inconsciente) queda en manos del representante mientras que el consultante aún se encuentra sintiendo y reflexionando lo que está sucediendo, recordaremos al grupo: «el alma en *los representantes va más rápido que en los representados*».

En ocasiones, el consultante prefiere quedarse sentado y rechaza la invitación a participar en la constelación. Puede que prefiera mirar desde fuera lo que está sucediendo, o tal vez aún no está preparado para recibir un abrazo, por ejemplo, o para tener un contacto tan cercano con lo que se muestra. Esto no debe preocuparnos. Cada persona tiene su tiempo de integración y confiamos en que la energía de amor y sanación vaya desde donde se está manifestando hasta donde tenga que llegar.

3. OBSERVACIÓN

Observación del terapeuta hacia los representantes

Consiste, como el título indica, en la observación del terapeuta hacia lo que se muestra, tal y como aparece.

En este punto, volverá a tomarse unos minutos como ya lo hizo en el ítem 1, «APERTURA», para mirar y sentir qué le transmite aquello que ve.

La observación estará dirigida, en primer lugar, hacia la imagen formada con los representantes, y luego, hacia la figura del espectador. Esta primera imagen que se forma es como una réplica de la imagen interna que se tiene del problema, la cual intentaremos retocar a través del protocolo para recrear, finalmente, una última foto con una nueva imagen que será la definitiva: la imagen de solución. La pregunta que el terapeuta deberá realizar ante esta primera representación será:

4. ¿Qué siento al ver esta imagen?

Es posible que tenga la sensación de no entender nada o, al contrario, de comprender casi todo. Ambas opciones serán parte de una interpretación personal que se guardará y corroborará más adelante si es necesario.

La sensación que genera lo que se muestra en cada nueva imagen formada en una constelación es la misma sensación que transmiten el consultante y su sistema ante el mundo que los rodea.

Recuerdo a una paciente que quería constelar un tema muy íntimo, por lo que me transmitió su preocupación en voz baja para que el grupo no pudiera enterarse de qué se trataba. Se quejaba del acoso sexual que permanentemente sufría de parte de su marido; sin embargo, al desplegar la constelación, nada de esto aparecía. Ante mi asombro, pensé que el representante que hacía de marido no estaba concentrado en su papel. Entonces le agradecí su colaboración y le pedí que regresara a su asiento. Busqué a otro participante para que lo reemplazara, y otra vez, para mi sorpresa, éste volvía a permanecer indiferente, manteniéndose alejado de la mujer. Eran mis comienzos como consteladora y aún no me sentía muy segura de mis percepciones, de manera que no me permitía desconfiar de la necesidad planteada por la clienta. Si ella se sentía acosada, esperaba que el acoso se manifestara para trabajar sobre él y ayudarla. Volví a cambiar dos veces más a los representantes hasta que el último me confirmó que aquello que se mostraba no tenía nada que ver con lo que se me había confesado (el representante era un familiar muy cercano que sabía perfectamente lo que estaba ocurriendo en la intimidad del matrimonio). A partir de ese día, entendí el significado del método fenomenológico en el que se basa la teoría de las Constelaciones Familiares, que consiste en aceptar lo que se ve y trabajar a partir de aquello que se muestra, tal como aparece. Descubrí de qué manera se manifiesta uno de los objetivos de la técnica, la cual consiste en confrontar al paciente frente a las creencias que tiene respecto a su problema. Comprendí lo importante que significa escuchar el interior de uno mismo como terapeuta y guiarse por esa intuición.

Ahora bien, para cerciorarnos de que las sensaciones que experimentan al constelar no tienen que ver con uno sino con el sistema del consultante, aconsejo cotejar con los representantes y si es necesario, con el grupo que permanece observando alrededor. La pregunta que podemos hacer al grupo en este punto es: ¿Qué sienten los demás al ver esto?

Otro ejemplo lo tenemos en el caso de un paciente que quiere constelar su tristeza. Cuando abrimos la constelación, el síntoma de la tristeza no se manifiesta. Lo que siento como consteladora es que en el sistema hay mucha rabia y, de hecho, varios de los representantes tienen sus puños cerrados y sus mandíbulas apretadas.

En otro caso, la consultante quiere trabajar la relación con su marido porque se siente furiosa cuando él le dice, al salir con sus amigos, que llegará en poco tiempo a casa y finalmente tarda más de dos horas en hacerlo, sin avisar. Abrimos la constelación colocando a un representante para la clienta, otro para el marido y un tercero para el síntoma de la furia. La representante de la clienta queda separada de su marido. Entre ellos, el síntoma, que se ubica arrimado a ella. Cuando le pido al síntoma que exprese si es un hombre o una mujer, dice ser una mujer y cuando le pregunto qué edad tiene, dice: «Sesenta». Entonces siento que la furia de la paciente no tiene que ver con el marido y lo cotejo preguntando a la clienta por la edad de su mamá, a lo que responde con la cabeza agachada: «Sesenta». Mi sensación de que la furia no estaba originalmente dirigida hacia el esposo sino que tenía relación con la madre se corrobora ante la respuesta de la consultante que ahora comprende por qué, según sus palabras, «siempre siente su rabia con una superioridad mayor de lo normal».

Una vez detecto mis sensaciones y las corroboro, me dirijo a mirar los detalles de las formas geométricas generadas en la disposición de los representantes.

5. ¿Qué formas geométricas se han creado?

La interpretación del significado de cualquier figura geométrica formada a través de la distribución de los representantes dentro del campo de la constelación estará dada por el sentimiento que tenga el constelador al observar la imagen, el análisis de la ubicación de los representantes dentro de esa figura y el lugar hacia donde se dirigen las miradas entre ellos. Recordemos que, para determinar qué indica cada una de las figuras, corroboraremos las interpretaciones a través de lo que sienten los representantes o el grupo participante si así fuese necesario.

Triángulos

En general, los triángulos formados en las Constelaciones Familiares nos alertan de la inexistencia de roles diferenciados entre los miembros. Si la imagen triangular alude, por ejemplo, a una familia compuesta por los padres y un hijo, ante el primer vistazo no sabríamos distinguir claramente quién es quién. En esa disposición, cualquiera de los representantes podría estar desempeñando el papel del otro y ocupando un lugar que no le corresponde. En esta desorganización, lo que se observa es una alteración en el Orden de Jerarquía.

Pero la consecuencia más grave que encontramos dentro de las estructuras triangulares es el desequilibrio entre lo que se puede dar y lo que se debe tomar.

Siguiendo con el ejemplo anterior de la familia, sabemos que los padres dan y los hijos toman. Esto significa que los padres dan aquello que no tiene precio: «la vida» y que los hijos solo podrán compensar una entrega tan grande teniendo a sus propios hijos o haciendo algo bueno por los demás.

En la imagen triangular todos dan y nadie toma, por lo tanto, tendremos que revisar el Orden del Equilibro entre el Dar y el Tomar. Cuando nos encontramos con un triángulo en el que dos de los representantes se miran entre sí o ambos miran a un tercero, podemos considerar a éste último como «el excluido», «el chivo expiatorio» o «el tercero en discordia». Al probar qué ocurre cuando adelantamos a éste último hacia los otros dos, vemos que los representantes que se miraban entre sí quedan imposibilitados de seguir haciéndolo por la presencia de ése tercero. ¿Qué se siente ante esto? Generalmente, la sensación es de que ése tercero adelantado estorba, no permite que los otros dos se sigan relacionando o intenta mediar en un enfrentamiento. Cualquiera que sea la interpretación que se haga, nos dará indicios de qué está pasando en el sistema.

Ante una imagen triangular en una constelación, nos preguntaremos: ¿se está reprochando o enjuiciando a alguien?, ¿alguno de los representantes siente que se le debe algo?, ¿queda algún asunto pendiente entre estas personas?

Un recurso interesante para tener en cuenta cuando nos encontremos con representantes dispuestos en triángulos sería que entre ellos se pregunten: ¿por qué has hecho eso?, ¿qué es lo que crees que te debo?, ¿tienes aún algo que decir?

Líneas rectas

La disposición de representantes en líneas rectas también nos dará información, y cualquier detalle que nos llame la atención en la configuración de las líneas deberá ser tomado en cuenta para saber si sucedió algo importante en la vida del representante que no esté alineado como los demás. Puede ser una distancia muy alejada entre alguno de los integrantes de la línea o un integrante que se sale de ella mientras todos los demás están a la misma altura.

Mientras los triángulos nos señalan el desequilibrio entre el Dar y el Tomar, las líneas rectas verticales nos hablan del Orden de Jerarquía y las líneas rectas horizontales nos advierten sobre el Orden de Pertenencia.

Representantes enfrentados

Si bien el poner dos representantes cara a cara puede significar atracción sexual o amor, la mayoría de las veces indica algo que decirse, carencia, deuda pendiente, reproche o crítica.

Ante representantes enfrentados, intentaremos determinar a cuál de estas situaciones se refiere la imagen:

— Algo que decirse (Quiero que me tengas en cuenta).
— Carencia (Yo necesito algo de ti).
— Deuda pendiente (Tú me debes algo).
— Reproche (Por qué has hecho eso).
— Crítica (Lo que has hecho no es correcto).

Representantes dando la espalda

Un representante que no mira al grupo y da la espalda puede significar el deseo de salir del sistema o el no tener nada que ver con él. Dar la espalda representa una expresión de rechazo y un deseo de alejamiento, búsqueda de un camino diferente o finalización de una etapa de a dos.

«Ya no puedo mirarte», «yo me voy y aquí te dejo», «nos separamos en paz y cada uno por su lado», son algunas de las sensaciones que nos puede generar encontrar representantes que no se miran.

Círculos

Los círculos son grupos cerrados que delimitan territorios. Al observar los círculos, podemos sentir sensaciones que van desde el intercambio de energías positivas, como la cohesión y la fuerza entre los miembros, a la opresión y el ahogo por parte del grupo. Generalmente, los círculos son indicativos de temas pendientes entre los miembros del sistema.

En determinados momentos, construir círculos con los representantes puede ser necesario para recibir ayuda y fuerza sanadora, pero en general nos habla de una afectación de los tres Órdenes del Amor. Cuando se forma un círculo en una constelación, debemos estar atentos a si queda algún representante fuera del mismo. En caso de que así sea, posiblemente estaremos ante un excluido del sistema. Varios círculos o un círculo alejado del resto del grupo indicarán separación, negación de la situación actual o necesidad de construcción de una realidad diferente.

Recuerdo el caso de una paciente que mantenía una doble vida. Al constelar su núcleo familiar, quedaban formados dos círculos alejados entre sí. Por un lado, el formado por su marido y sus hijos, y por el otro, el de su amante, sus hijos y su exmujer.

En algunas situaciones, el círculo puede ser sanador, especialmente para el tratamiento de casos de baja autoestima, abusos sexuales y sanación del Niño Interior herido. El procedimiento consiste en construir un círculo para que aquel representante que sea colocado en su centro pueda ser mirado y reconocido. A este procedimiento le he dado el nombre de *Ritual de reconocimiento*.

Cuadrados

Los cuadrados construyen líneas energéticas que, dirigidas a través de la mirada, nos indicarán cruces de fuerzas, dispersión, integración o exclusión.

Es muy común que los cuadrados nos muestren a dos parejas de elementos enfrentados cuyo significado habrá que constatar y que, generalmente, tienen que ver con atracción sexual, amor, reproche, crítica o deuda pendiente.

Ante los cuadrados, el Orden del amor principalmente alterado es el de Jerarquía.

Falta de alineación o composición desordenada
También es indicativo de desorden en el sistema cuando los representantes quedan colocados sin ningún tipo de alineación. La imagen sería la de una familia desorganizada o en la que sus miembros no ocupan el lugar que les corresponde ni guardan relación entre sí. Cuando la primera imagen que encontramos al abrir una constelación se muestra con falta de alineación, podemos sospechar que todos los Órdenes del Amor se encuentran alterados.

6. ¿La ubicación que tienen los representantes es fija y estable?

Un hecho relevante que hay que tener en cuenta es si los representantes se pueden ubicar en el espacio de manera fija y estable. En ocasiones, el consultante necesita mover de un lado a otro a un representante ya que no logra encontrar un lugar adecuado para él.

Otras veces, es el propio representante quien presenta signos de incomodidad, balanceándose, dando vueltas, necesitando cambiar de sitio o queriendo salir del lugar.

La inestabilidad en cuanto a la elección del sitio adecuado para un representante puede indicar:

— Antecedentes de esquizofrenia en la familia
— Suicidios, homicidios o participación en guerras
— La necesidad de buscar al excluido

7. ¿Qué distancia hay entre los representantes?

Las distancias nos informan sobre la intensidad de las relaciones entre los representantes.

Una distancia prudencial puede mostrarnos la necesidad de tener un espacio vital para dirigirse hacia el destino de cada uno, mientras que una distancia exagerada puede indicarnos rechazo o indiferencia.

Las distancias nos corroboran si la imagen interior del constelado coincide con la realidad que expresa previamente a configurar su constelación.

Un consultante aseguraba que su relación de pareja anterior estaba totalmente superada. Al desplegar la constelación se mostraba claramente cómo ambos miembros no se podían separar.

En otro caso, un empresario necesitaba constelar un proyecto que decía anhelar con mucha ilusión. Al abrir la constelación, el empresario miraba hacia un extremo de la sala mientras el proyecto le daba la espalda y se dirigía hacia la otra punta de la habitación.

8. ¿Algo o alguien queda fuera del grupo?

Es importante observar qué o quién está dentro del grupo y si algo o alguien queda fuera.

Las respuestas a estas preguntas nos darán pistas sobre el excluido que será necesario reconocer para darle un buen lugar.

Preguntamos por algo o alguien porque tendremos en cuenta que los excluidos pueden ser tanto personas como objetos materiales, aspectos afectivos o valores espirituales.

9. ¿En qué lugar se ubican los representantes masculinos y femeninos?

Comúnmente, los representantes masculinos son colocados a la derecha y los femeninos a la izquierda. Imágenes representativas de esta ubicación las encontramos a través de normas culturales, por ejemplo, en el signo de cortesía por parte del hombre de caminar por la acera del lado derecho de la mujer, en la costumbre tradicional en la que el padre lleva a la novia ante el altar o la representación de la típica pareja de novios de escayola o mazapán que se coloca sobre la tarta de una boda.

Cuando esta ubicación se encuentra cambiada, podemos encontrar diferentes interpretaciones que luego deberán ser corroboradas. Puede tratarse, por ejemplo, de una familia matriarcal en la que a través de las generaciones la figura de la mujer haya sido la más preponderante, o de una familia en la que los destinos de todas las mujeres hayan sido muy difíciles por tener que sacar adelante a sus hijos sin la ayuda de sus maridos, lo que le ha dado al hombre un lugar desvalorizado. También lo encontramos en una familia en la que las mujeres sean siempre las triunfadoras mientras que los hombres quedan relegados a un nivel inferior.

El sitio que se elija para colocar a los hombres o mujeres dará información acerca de la importancia que tiene cada sexo dentro del sistema, de qué manera se vive la femineidad y masculinidad y dónde puede estar el punto conflictivo a nivel sexual y de pareja. Puede ocurrir que no se coloque al personaje en el lugar que corresponde porque la persona a la que se representa esté muerta. Por ejemplo: En vez de colocar a la madre a la izquierda, se la sitúa a la derecha porque el padre ha fallecido. En este caso, la razón expuesta no justifica que se ocupe dicho lugar y sería importante revisar qué lugar se les otorga a los hombres en ese sistema. En ocasiones, los miembros masculinos quedan en un lugar opuesto a los femeninos y esto puede hablarnos del lugar que unos y otros se otorgan entre sí.

Ejemplo de esto es el caso en el que un hombre de 54 años, separado y sin pareja actual, no tiene trabajo, vive pidiendo dinero prestado y todos sus negocios fracasan. Cuando se intenta contar con la ayuda de la mamá, en el ritual de «tomar a la madre», ésta no quiere hacer nada por su hijo. Colocamos a su esposo y a su padre, el abuelo del paciente, e inmediatamente ambos se desplazan al lado de él para apoyarlo. La imagen final de la constelación resulta la de dos bandos divididos por el dolor: por un lado el hijo arrodillado ante la madre, con su padre y abuelo a los costados, y frente a ellos, la mamá y toda la línea de mujeres detrás.

En la vida real, este paciente lleva varios matrimonios rotos, con hijos en cada uno de ellos. La madre llevaba la rabia de todas esas mujeres, las ancestras y las de la vida presente.

10. ¿Hacia dónde miran cada uno de los representantes?

Las miradas hablan y nos dan valiosas informaciones que debemos aprender a interpretar.

Las miradas vinculan hacia donde se mire existe una relación. Para cerciorarnos hacia dónde mira cada representante tendremos que preguntar: ¿Qué estás mirando? ¿Hay algo que te llama la atención en ese lugar?

Si alguno de los representantes mira hacia un punto indeterminado, podemos colocar en ese lugar a otra persona que represente aquello a lo que se esté mirando, aunque no se sepa a qué o a quién se refiere. Cuando ubicamos a un representante que falta en el punto de mira, casi siempre se trata del excluido o del ancestro responsable del secreto familiar.

En líneas generales, podemos decir:

Mirar a lo lejos

Cuando un representante mira a lo lejos, busca a un excluido o a algún familiar fallecido a quien desea seguir en su destino.

Mirar a lo lejos también puede manifestar el deseo de querer salir del sistema.

A veces, mirar a un punto lejano, no definido, puede significar el interés por algo espiritual, tener puesta la mirada en una fuerza mayor, buscar a Dios.

Mirar hacia atrás

Si el punto de mira se orienta hacia atrás de los representantes, señalaría la búsqueda de algo que quedó en el pasado, como por ejemplo un amor anterior, un ancestro al que hay que honrar, un acontecimiento traumático o una época de vida mejor.

Mirar hacia delante

Si el punto de mira se dirige hacia delante de los representantes, nos estará representando la búsqueda de un futuro que se quiere alcanzar.

Mirar al suelo

Mirar hacia el suelo puede indicar estar frente a un muerto, un aborto, un excluido o un secreto familiar.

No poder mirar a los ojos

La imposibilidad de mantener la mirada en algo o de mirar a alguien a los ojos denota un sentimiento de vergüenza o culpa por un acto cometido.

Observación del terapeuta hacia el espectador:

11. **¿Forma parte de alguna figura geométrica?**

12. **¿En qué sitio se ha colocado con respecto al grupo?**

13. **¿Hacia dónde mira?**

14. **Si formara parte de la familia, ¿quién sería?**

15. **Si fuera alguna cosa, ¿qué sería?**

4. SENSACIONES

En el tercer punto del protocolo se revisarán las sensaciones de cada uno de los representantes, incluyendo al espectador.

16. ¿Qué siente cada uno de los representantes?

17. ¿Qué siente el espectador?

Para conocer qué sienten los representantes y el espectador, tomaremos en cuenta los gestos y posturas, las palabras que utilicen y las emociones afectivas y dolores físicos que puedan tener en el momento de la constelación.

Todas estas manifestaciones tendrán mensajes implícitos que será importante descifrar.

Se recomienda echar un vistazo a las teorías de Programación Neurolingüística y Biodescodificación para conocer las significaciones.

En esta obra, sólo abordaremos la interpretación de las expresiones que más asiduamente se observan en las Constelaciones Familiares.

La energía de calor o frío
En las constelaciones es común vivenciar cambios repentinos y fugaces de temperatura, pasando en pocos minutos del frío al calor o viceversa. Estas sensaciones térmicas llegan a afectar tanto a alguno de los representantes como al resto del grupo, incluyendo al consultante, a los observadores pasivos y al constelador.

Cuando la energía es de calor, puede significar necesidad imperiosa de hacer cosas, deseo sexual o la presencia de una entidad espiritual potente y amorosa.

En raras ocasiones, el calor intenso puede tener que ver con incendios o situaciones de peligro debidas al fuego. Un ejemplo de esto ocurrió en una constelación en la que en el *Ritual de tomar la fuerza femenina*, al colocar a una representante de una generación anterior, aparecía la sensación de calor, y a medida que se iban agregando mujeres siguiendo la línea materna, el calor se avivaba. Al llegar a la séptima generación de ancestras, la situación de psicosis era tal que hasta los integrantes del grupo que estaban sentados alrededor empezaban a tener sensaciones de ahogo y diversas manifestaciones de angustia, mientras que las representantes pedían a gritos que las sacaran de ahí. En ese momento, la consultante recordó que de pequeña había escuchado alguna vez que alguien de su familia fue quemada en una caza de brujas.

Pero más impactantes aún resultan las constelaciones en las que se representan seres espirituales superiores, quienes en breves instantes impregnan el campo electromagnético de la sala con su energía positiva, la cual es sentida por todos los integrantes del grupo como un incremento en la temperatura corporal, seguido de un poderío y dinamismo desconocido para ellos.

Como ejemplo de uno de estos casos, transcribo el relato del representante que vivió la experiencia:

Todo empieza cuando Alejandra dice: «Vamos a constelar a un joven que está lejos».

Se elige a dos personas que representan, una al joven, y otra, a alguien que se coloca cerca de él, como si fuese su novia.

Cuando me pide que participe, no me da indicaciones sobre a quién tengo que representar.

Me levanto de la silla, tomo una inspiración y empiezo a moverme por el lugar...

De repente, me lleno de luz.

Es como cuando estás perdido en la oscuridad y súbitamente se abre el cielo con los rayos del sol.

Sientes que te llenas de vida, de plenitud, de calma, de alegría, pero sobre todo de armonía.

En ese momento, lo único que podía decir era: «¡Denme algo para elevarme, una silla, una escalera, lo que sea! ¡Venga, rápido, una silla!».

Necesitaba estar en lo alto y detrás de aquel joven.

Corrieron a traerme una silla mientras yo no hacía nada más que abrir mis brazos lo más que podía porque sentía que tenía que proteger y cuidar de aquel chico.

Alejandra me preguntaba: «¿Cómo te sientes?».

Y yo le decía: «¡Soy libre! ¡Estoy feliz! Quiero abrir más mis brazos para arroparle, pero lo que siento es que mis brazos son…, mis brazos son…, ¡¡¡son alas!!! Esta plenitud nunca la había conocido. ¡Es increíble!».

Alejandra se quedó pensativa, pero al rato exclamó a viva voz: «¡Ya sé quién eres!».

Yo permanecí quieto, mirándola extrañadísimo mientras ella gritaba su nombre.

Me quedé anonadado. No me lo podía creer. La energía de un santo en mí.

No hay palabras para describir esa sensación, esa euforia.

¿Recuerdas cuando deseas ser padre y al final tienes un hijo y dices: «¡Dios, ya soy padre!»?

Pues, imagínate esa emoción multiplicada por mil.

Esa paz, esa luz, esas alas que parecía que salían de mi cuerpo…».

Otro de los casos que recordaré siempre, por la impresión que causó a todo el grupo, ha sido la constelación en la cual la representante de un ser espiritual repetía una y otra vez: «Yo no soy de ningún sitio, pero estoy en todas partes»…

En aquella ocasión, la energía caliente no se sentía como algo asfixiante ni como un fuego que quemara la piel, sino como un calor que creaba chispas internas que luego se expandían al exterior invadiéndolo todo, contagiando sensaciones positivas.

La representante explicaba que nunca había sentido una energía tan impetuosa y a la vez de paz inconmensurable.

Cuando ocurre este fenómeno dentro de la constelación, da la sensación de que dichos seres espirituales se han «presentado» a través de los representantes. Las sensaciones manifestadas en estos casos son tan intensas y potentes que insisto al grupo participante en que conserve dicha energía para sus vidas porque, de alguna manera, han sido irradiados por algo más grande y milagroso que viene de más allá para sanar.

En estos casos es correcto realizar un ritual de agradecimiento hacia los seres que se han manifestado en la constelación, ya sea a través de una ronda entre todos los participantes o de una breve meditación grupal.

En cuanto a la energía de frío, puede tener que ver con muertes, abusos y situaciones en las que se hayan vivido emociones de pánico y miedo.

Cuando la energía de frío se siente como de congelamiento, unido a la imposibilidad de movimiento, podemos estar ante una situación de violación en la que se está representando a un agresor. Tanto el constelador como el grupo actúan como un termómetro dentro de cada constelación. Tendremos que estar al tanto de los cambios de temperatura que se manifiesten para obtener más información.

Las frases que pronuncien los representantes

Las frases que digan los representantes no son banales. En su construcción se hallan verdaderas claves para resolver las Constelaciones Familiares. Por eso, cada vez que un representante necesite expresar algo, será escuchado y tomado muy en cuenta.

A mis consultantes, antes de comenzar una constelación, les indico: «Ten presente aquello que digan los representantes porque en sus palabras hay mensajes importantes para ti».

Las emociones negativas

En las Constelaciones Familiares buscamos que todos los miembros de un sistema estén en el sitio que les corresponde, que en ese lugar se sientan bien y que hayan expresado todo lo que tengan que decir.

En ocasiones, las emociones negativas se manifiestan encubiertas en algún tipo de síntoma, como por ejemplo: apretar fuertemente los puños, toser o no poder tragar, sensaciones de hormigueo en las manos, tener paralizado el cuerpo, etc.

Una reacción que llama mucho la atención es cuando algún representante empieza a bostezar y poco a poco va contagiando el bostezo a los demás integrantes del taller, sean representantes o participantes. Sugiero tomar muy en cuenta estas reacciones porque pueden ser indicativas de energías pesadas y oscuras que estén afectando a algún miembro de la familia o a todo el sistema. Mientras haya algún representante que manifieste emociones negativas, la constelación no estará concluida.

Los movimientos del cuerpo

En las constelaciones familiares grupales, el constelador debe estar muy atento a los movimientos que los representantes efectúen con alguna parte de su cuerpo.

Estos gestos serán siempre indicativos de algo que se está expresando a nivel inconsciente.

Parte de la tarea del constelador radica en poder interpretar qué significado tienen dichos movimientos.

Veamos los más comunes:

– BALANCEO

Cuando un representante empieza a balancearse, puede indicar necesidad de ir hacia delante. En este caso, podemos sugerir al representante que si quiere ir hacia algún otro lugar, lo haga.

– MOVIMIENTO HACIA ATRÁS

Si el movimiento del cuerpo es hacia atrás, dando la sensación de que algo tira de él o lo arrastra, puede significar que alguien del pasado está llamando al representante, ya sea un antepasado, un suceso traumático en el que se haya quedado anclado o un hecho de otra vida. En ocasiones, este movimiento puede significar la existencia de una magia. El testaje con Péndulo Hebreo resulta de gran utilidad en los casos en los que se sospeche la existencia de algún tipo de energía negativa. Para corroborar de qué se trata aquello que tira del representante, podemos colocar a otro detrás y continuar con los pasos del protocolo.

– ANCLAJE

En ocasiones, el representante manifiesta sentirse anclado en un lugar sin poder moverse, como si algo mantuviera encadenados sus pies al suelo. Puede tratarse de un muerto, un secreto familiar o la imposibilidad de actuar por miedo. Ayuda en estos casos poner en palabras las sensaciones del representante a modo de frases sanadoras para intentar descubrir aquello que lo retiene en ese lugar, por ejemplo: «Querido hijo, veo tu sufrimiento y lo siento, pero yo no puedo hacer nada más por ti. Estoy atada a mi pasado y necesito quedarme aquí». «Te veo y te reconozco pero soy incapaz de ir hacia ti porque estoy paralizado». «Algo me retiene para avanzar en la vida y no sé qué es».

Una vez que se pronuncian este tipo de frases, hay que seguir el protocolo para revisar qué siente el resto de los representantes y qué reacciones se producen.

– NO PODER PARAR DE MOVERSE

Cuando un representante va de aquí para allá sin poder encontrar un sitio dentro de la sala en el que se sienta tranquilo, puede ser indicativo de enfermedad mental o de la necesidad de reivindicar a uno o varios muertos. La tarea del constelador en este caso consistirá en encontrar aquello que tranquilice al representante: un ancestro, varios muertos, un aborto, etc.

– QUERER SALIR DE LA SALA

Podemos encontrarnos con situaciones difíciles en las que el representante exprese su necesidad de salir de la constelación. Es posible que diga: «Si pudiera irme de aquí, lo haría corriendo», «si no estuviera esta ventana, me tiraría», «no voy más lejos porque no tengo espacio».

Ante estas expresiones, el constelador podrá preguntar qué le ocurre y evaluar si es conveniente que el representante siga dentro de la constelación.

Las Constelaciones Espejo

Existe un tipo de constelaciones al que he denominado *Constelaciones Espejo* y en el que los representantes viven situaciones en paralelo, como si se proyectaran dentro del espacio, desdoblándose, formando estructuras parecidas como si fuesen un reflejo.

El objetivo del análisis de este tipo de configuraciones es poder tomar consciencia de la doble imagen que el inconsciente ha creado y comprender su significado.

A través de la experiencia en consulta he podido constatar que esta modalidad sistémica tiene características específicas que se repiten en determinadas personas.

Su formación no es arbitraria y al interpretarlas podemos obtener valiosos datos sobre secretos familiares, traumas muy profundos y aspectos inconscientes que hay que tratar.

Cabe señalar que las Constelaciones Espejo se descubren buscando formaciones similares, por lo tanto, tendremos que prestar atención a todos estos detalles para saber detectarlas.

Los procedimientos que se deben efectuar en este tipo de constelaciones se hallan descritos en mi libro: *Nuevas miradas en constelaciones familiares. Cómo aplicar Constelaciones Familiares según los diferentes temas,* de Alejandra Mitnik, autoedición.

A modo de ejemplo, podemos ver una Constelación Espejo en el siguiente caso: una pareja divorciada no tenía relación desde hacía muchos años. La comunicación era inexistente entre ellos y los hijos hacían de intermediarios.

Durante toda la constelación, madre e hija tenían la misma postura y realizaban idénticos movimientos que el padre y el hijo. Cada vez que uno de ellos quería expresar algo, el otro también lo intentaba. Daba la sensación de estar presenciando un partido entre dos equipos en el que todo se producía por imitación.

Cuando se tomó consciencia de estas actitudes, se descubrió que algo parecido sucedía en la familia. Ambos padres intentaban quedarse con uno de los hijos y hacer de éste su aliado. Mientras no resolvieran la situación como adultos, los hijos estarían repitiendo la misma situación de lealtad hacia uno de los progenitores y deslealtad hacia el otro.

La solución final los unió a todos en un abrazo, pero antes, ella le dijo a su exmarido: «Tú me muestras mi impaciencia por resolver nuestra situación como padres divorciados. En tu necesidad de distancia me haces tomar consciencia de lo mucho que me cuesta respetar tu decisión y aceptar que no siempre tengo razón en todo.

Ahora veo que nuestros hijos son inocentes. Tú eres un maestro para mí en esto. Gracias».

Para poder llegar a la resolución de las constelaciones será necesario realizar ciertos pasos.

En general, podemos decir que las Constelaciones Familiares se resuelven mediante tres procedimientos:

1. Frases sanadoras
2. Procedimientos específicos (rituales)
3. Movimientos

5. FRASES SANADORAS Y PROCEDIMIENTOS ESPECÍFICOS (RITUALES)

El primer procedimiento por parte del terapeuta para ayudar a generar cambios propiamente dichos será pronunciar frases sanadoras, también llamadas curativas o liberadoras.

De la extensa bibliografía de Bert Hellinger y de otros autores, pueden rescatarse las frases sanadoras que mayormente se utilizan al constelar.

Si bien contamos con frases establecidas, muchas de ellas deberán ser adaptadas teniendo en cuenta cada situación.

Puede que en la práctica no se encuentren frases adecuadas al asunto particular que uno esté tratando; entonces se utilizarán las mismas frases que se respondieron al preguntar en el ítem anterior, «SENSACIONES»: ¿qué siente cada uno de los representantes? y ¿qué siente el representante del espectador?

Las respuestas se expresarán como afirmaciones en primera persona: «Tengo mucha rabia si te tengo cerca», «me entristece que estés tan lejos», «me gustaría que te quedaras conmigo», «siento escalofrío», «me duele la cabeza», «quiero irme hacia atrás», «tengo ganas de abrazarla», «veo que ella no te quiere cerca».

La manera de transmitir las frases sanadoras variará según los problemas y el tipo de interlocutor.

No serán las mismas frases las que se dirán a un niño que a un adulto, a un padre que a la pareja, ni a un representante de una persona que al de una cosa. No nos dirigiremos de la misma manera a un agresor que a una madre que perdió a un hijo, a un hombre que desvaloriza a sus padres que a un niño que sufrió un abandono. Por lo tanto, en algunas ocasiones diremos las frases con dulzura y suavidad, mientras que en otras las pronunciaremos con tenacidad y en voz más alta. En todos los casos, las preguntas que como terapeutas debemos hacernos son: ¿La frase que se ha utilizado es la más conveniente?, ¿ha provocado algún cambio?, ¿qué palabra debo cambiar?

Nos daremos cuenta de que la frase ha sido sanadora cuando provoque una reacción en el consultante que le permita encontrarse mejor y lo ayude a hacer algún otro movimiento necesario para resolver la constelación. Ejemplos de estos movimientos pueden ser: poder mirar a los ojos, cambiar de lugar y colocarse en un sitio mejor, ser capaz de decir lo que siente o animarse a dar un abrazo cuando lo sienta.

Es muy importante estar atento a las expresiones porque cuando se dice una frase sanadora correcta, la mirada se vuelve más dulce, el rostro se distiende y hasta parece iluminarse y rejuvenecer.

Las lágrimas y sonrisas son síntomas de que algo ha tocado el alma. Los suspiros son otra muestra de que se ha dado con la frase necesaria.

En casi todas las constelaciones, el indicador por excelencia de que la frase sanadora ha llegado al corazón de la persona es una exhalación profunda. La exhalación profunda por parte del terapeuta también indica que la frase elegida tiene gran significación. Cuando esto ocurra, buscará la confirmación de su sensación en las expresiones de los representantes y del grupo observador.

Es muy beneficioso para el consultante poder ser acompañado en ese momento. Para ello, el consultador podrá expresar sin tapujos una gran exhalación, animando así a que el consultante también la haga.

Procedimientos específicos (rituales)

En ocasiones, ciertos temas comunes a todas las personas pueden ser tratados mediante frases sanadoras generales. Las mismas se dicen a través de una serie de procedimientos pautados que se llevan a cabo bajo la guía expresa del consultador y con intensa concentración y recogimiento por parte del consultante. A estos pasos estipulados se les ha dado el nombre de *rituales.*

Es importante aclarar que la denominación de rituales que aquí se utiliza no se refiere al aspecto religioso, sino a las cualidades de solemnidad, dignidad y seriedad que llevan implícitos tales procedimientos.

En el capítulo 4, «Mapa de Constelaciones Familiares», se explica cómo llevar a cabo algunos de estos rituales y qué frases sanadoras son las más adecuadas según el tema que se vaya a tratar.

6. MOVIMIENTOS

Entendemos por movimientos los pasos que esperamos que se den después de decir una frase sanadora o de efectuar un procedimiento específico (ritual). Son procesos de cambios que ayudarán al consultarte a alcanzar aquello que necesita resolver (el objetivo, la demanda).

Generalmente, estos procedimientos parten de los representantes, pero en algunas ocasiones se hace necesario realizarlos mediante la intervención y guía del conselador.

Los movimientos pueden ser físicos, expresarse en palabras o mediante emociones.

La recomendación para efectuar los movimientos es que sean suaves y lentos, como a un cuarto de velocidad, para que se sientan en profundidad y pueda observarse el impacto que producen en el sistema.

Ejemplos de movimientos **físicos** son: ir hacia delante, dar la vuelta para mirar hacia atrás, acostarse, salir de la constelación, cambiar de lugar, incluir a los representantes excluidos, poner lo que falta en el sistema, dar y tomar de manera equilibrada.

Debemos tener presente que los movimientos físicos siempre se realizan dentro de una dimensión espaciotemporal, dividida en tres franjas paralelas y dos franjas transversales.

Atrás estaría el PASADO, en la franja del medio se encontraría el PRESENTE y delante, el FUTURO.

A su vez, siguiendo las teorías de Visualización Creativa y métodos de Concentración Mental, a nuestra mano izquierda se encontraría el PASADO y en la derecha, el FUTURO.

El esquema resultaría de esta manera:

PASADO

PASADO ——— PRESENTE ——— FUTURO

FUTURO

Esta escenificación nos permitirá determinar en qué lugar se sitúan cada uno de los representantes, en especial, los que corresponden a los excluidos y a uno mismo.

El análisis espaciotemporal aquí planteado permite interpretar qué lugar ocupamos con respecto a los miembros de nuestro sistema y de qué manera nos orientamos hacia la vida.

Teniendo en cuenta la ubicación, las posturas y miradas de los representantes, podremos revisar hacia dónde se dirige el alma de cada uno de ellos. Es posible que permanezcan anclados en el pasado, tal vez necesiten mirar al futuro o quizás ninguno pueda «poner los pies en el presente».

Los movimientos también pueden expresarse en **palabras**: «Te necesito», «me das miedo», «quiero irme».

Por último, pueden manifestarse mediante **emociones**: tener necesidad de que los representantes se abracen, buscar ayuda en los ancestros, respirar profundamente, tener ganas de llorar o sentirse más aliviados.

Siempre que se manifiesten movimientos de tipo físico, animaremos a los representantes a que los lleven a cabo:

— Acercar o alejar a un representante
— Quitar a un representante del Campo de conocimiento
— Traer a un nuevo representante al sistema

Siempre que se manifiesten movimientos de tipo emocional, trataremos de ponerlos en palabras como frases sanadoras: «Tengo ganas de acercarme», «siento mucha tristeza cuando te miro», «necesito dejar este peso», «ahora quiero mirar».

Siempre que aparezcan movimientos de tipo emocional, buscaremos a un representante para el síntoma. De esta manera, aquello que duele será puesto en escena, para que lo podamos ver claramente y se muestre ante la conciencia del sistema.

Cuando encontremos a un representante que tenga una emoción negativa, preguntaremos: «¿Y qué necesitará este representante para sentirse mejor?». Entonces, le pondremos los recursos que haga falta, por ejemplo: a sus padres, abuelos, ancestros, una pareja, ayuda espiritual, valores positivos, confianza, amor, salud, fuerza, dinero, etc. De la misma manera, cuando algún representante quiera cambiar de lugar o quiera irse, permitiremos que así lo haga.

Cuando alguien quiera decir algo, lo animaremos a que pueda expresarlo.

No nos conformamos con un solo movimiento aunque creamos que hemos llegado a la solución.

Después de las frases sanadoras, rituales o cualquier otra intervención estratégica, intentaremos revisar si hacen falta más cambios. Para hacer estas comprobaciones, realizaremos las siguientes preguntas:

18. Revisando el Orden de Jerarquía. *¿Algo o alguien quiere cambiar de lugar?*

Preguntamos por algo y también por alguien para no influenciar la respuesta y dar la posibilidad de que se contemplen ampliamente las diversas opciones.

Es muy importante que el lugar en el que se ubiquen los representantes sea el mejor para cada uno de ellos.

19. Revisando el Orden de Pertenencia. *¿Algo o alguien falta en esta imagen?*

Una vez que los cambios de lugar se hayan producido vamos a buscar lo que falta.

Generalmente, cuando aquello que falta es una persona, hablamos del excluido de la familia: desaparecido, abandonado, repudiado, olvidado, maltratado o criticado.

En muchas ocasiones, aquello que falta no hace referencia a los excluidos, sino a recursos que se necesitan para solucionar problemas. *Estos recursos pueden ser algo concreto como dinero, un trabajo estable, una buena pareja, o algo más abstracto como seguridad, autoestima, alegría, salud, paz, ayuda espiritual.*

Para representar estos aspectos nos valdremos de los representantes, pero también tendremos la opción de utilizar objetos simbólicos tales como: piedras o minerales curativos, imágenes religiosas, talismanes, etc.

20. Revisando el Orden del Dar y Tomar. *¿Algo o alguien tiene necesidad de decir algo más? ¿Están todos dando y tomando de manera equilibrada?*

Es necesario que el Orden del Dar y el Tomar pueda fluir armónicamente y transmitirse a través de la imagen formada en la constelación.

El no poder expresar lo que se siente, el quedarse con cosas por decir, crea secretos y bloquea emociones reprimidas que luego se traducen en síntomas.

A fin de provocar movimientos sanadores que mantengan un equilibrio en este sentido, seguiremos ciertas reglas:

1. ***Cada vez que un representante exprese algo a otro revisaremos cómo se siente el interlocutor al recibir el mensaje.*** Por ejemplo, si el representante del marido necesita decirle a su mujer: «Ya no te quiero», nos dirigiremos a ella para comprobar cómo se siente después de escuchar lo que su marido le ha manifestado.

2. ***Cada vez que aparezca un síntoma, elegiremos a un participante del grupo para que lo represente.***
   A este efecto, podemos hacer una especie de recorrido áurico con ambas manos sobre todo el cuerpo energético del representante que padece el síntoma, desde veinte centímetros por encima de su cabeza pasando por alrededor de su cuerpo hasta llegar a la punta de sus pies.

Una vez que hemos completado el barrido, le decimos: «Tomo tu síntoma (dolor, tristeza, angustia, tumor, etc.) y te lo quito y ahora se lo coloco a él». Mientras decimos esta última frase, entregamos energéticamente el síntoma al representante elegido. Pasados unos minutos, le preguntamos al representante del síntoma si le duele alguna zona del cuerpo y a quién cree que representa (persona o cosa, hombre o mujer, alguien mayor, de mediana edad, adolescente o niño, vivo o muerto, etc.). A partir de los datos que obtengamos, realizaremos con él los mismos pasos del protocolo que aplicamos con los otros representantes del sistema.

Es muy frecuente que la persona, sin saber nada de la enfermedad o síntoma a la que está representando, empiece a sentir malestar en la zona del cuerpo correspondiente o comience a tener los mismos padecimientos que el consultante o familiar manifiesta.

Si el síntoma es muy grave, como por ejemplo un cáncer, o hace referencia a una situación muy dolorosa, como el recuerdo de una violación o un suicidio, colocaremos un objeto en vez de una persona para que lo represente.

3. ***Cada vez que se necesite contar con una fuerza sanadora para dejar aquello que no corresponda o para ayudar en lo que haga falta, se honrará y se darán las gracias***. Cuando se haya colocado a los excluidos o a los recursos necesarios en el lugar que corresponda, se realizará el ritual de *Dar la honra y agradecimiento*. Para ampliar cómo se realiza este ritual y otros procedimientos sanadores, se sugiere la lectura del libro: *Nuevas miradas en constelaciones familiares. Cómo aplicar Constelaciones Familiares según los diferentes temas.*

El ritual de Dar la honra y agradecimiento es uno de los más importantes junto con el de Tomar a los padres.

Una vez realizados estos pasos, habrá que revisar nuevamente cómo se sienten los representantes y el espectador, y si hay que continuar efectuando algún otro movimiento.

Es decir, que cada vez que se produzca un movimiento, ya sea la colocación de un recurso, el cambio de sitio de algún representante o la expresión de algo que se tenía que decir, volveremos al comienzo del protocolo (punto 3, «OBSERVACIÓN») para revisar qué ha cambiado en la imagen original y cómo se encuentran ahora los representantes.

Si nos queda claro el procedimiento de que cada vez que se exprese una frase sanadora, hayamos realizado un ritual o producido algún movimiento debemos volver al punto 3, «OBSERVACIÓN», entonces habremos comprendido en qué consiste la aplicación del método de las Constelaciones Familiares individuales que se propone en este manual.

El camino que se debe seguir, será el siguiente:

3. Observación ——4. Sensaciones ——5. *Frases sanadoras o Procedimientos específicos* ——6. Movimientos ——3. Observación —— 4. Sensaciones ——5. *Frases sanadoras o Procedimientos específicos* ——6. Movimientos

¿Hasta cuándo debemos volver a realizar una y otra vez estos pasos? Hasta que se alcance la solución final o hasta que nos estemos acercando a los últimos diez minutos de la sesión.

En caso de que no se haya llegado a la solución final, será el terapeuta quien ordene la constelación.

El objetivo de ordenarle la constelación al consultante será que éste pueda llevarse una imagen clara y organizada de su situación. Es decir, ante la confusión, nuestra tarea como terapeutas es ayudar a ordenar.

¿Y cuál es el orden correcto?

El que permita que las fuerzas sanadoras puedan seguir traspasando la VIDA, sin bloqueos ni resistencias, en armonía y en paz.

7. SOLUCIÓN FINAL

Habremos llegado al final de la aplicación del protocolo cuando no se necesite o no podamos realizar más movimientos.

Recordaremos que se entiende por movimientos todos los cambios de lugar de los representantes, la colocación de algo o alguien más que falte, la expresión de frases sanadoras o la realización de algún ritual.

En esta etapa del protocolo, las preguntas que se formularán serán:

21. ¿Se encuentran todos los representantes en el sitio más correcto para cada uno de ellos?

Se debe revisar que todos estén en el sitio que les corresponde y que nadie más necesite cambiar de lugar.

22. ¿Se sienten todos bien?

Corroboraremos que todos los representantes se encuentren bien y en armonía. Buscaremos buenas sensaciones, pero ¿cómo sabremos que un representante o el objeto simbólico utilizado se encuentran en paz? Lo sabremos por las sensaciones y expresiones de todos, incluidos el consultante, el terapeuta, los representantes y el grupo que observa. Es posible que el consultante realice un profundo suspiro, que manifieste un gran alivio o se emocione de alegría. Es importante mirar el rostro y estar atentos a cambios posturales. Para comprobar nuestra apreciación, preguntaremos a cada uno de ellos cómo se encuentra.

Los sentimientos de comprensión, reconocimiento, aceptación, respeto, tranquilidad, paz, serán algunos de los indicativos de que se habrá llegado a la solución final. En caso de que haya algún miembro que no pueda encontrarse a gusto o en paz y ya haya pasado un tiempo considerable de aplicación de la técnica, se dejará para más adelante la constelación. Lo mismo ocurrirá cuando ningún otro movimiento pueda producir cambio alguno respecto a cómo solucionar el problema que se está tratando. Si algún representante está en el sitio que le corresponde pero aún así no se encuentra bien, evaluaremos si continuar con el protocolo o dejar a ese representante en dicho lugar.

Los casos en que no continuaremos buscando otra posición para el representante que no se encuentre en paz serán:

- Cuando se trate de un miembro de la familia que haya cometido un acto grave y éste deba cargar con sus consecuencias.
- Cuando el representante decida seguir a toda costa el destino de otro.
- Cuando el representante acepte con dignidad su pronta muerte y se dirija hacia fuera del sistema.
- Cuando haya transcurrido un tiempo considerable de trabajo y las energías del grupo observador, representantes y constelador se hayan agotado.

23. ¿Están todos dando y recibiendo de manera equilibrada?

En el caso de que todos estén en su sitio y se sientan bien, comprobaremos si lo que se da y recibe entre ellos se hace o puede llegar a hacerse con respeto y equilibrio.

24. ¿La imagen de solución final responde a lo que se necesitaba solucionar?

En el primer ítem del protocolo, «APERTURA», diferenciamos el tema que se va a tratar del problema que se quiere resolver. Al llegar al último ítem, «SOLUCIÓN FINAL», se cotejará si los resultados responden a lo que se buscaba. *No siempre se llega a una solución esperada, de manera que se debe aceptar lo que surja confiando en que eso es lo mejor y lo que tiene que ser. Tal vez no sea el momento o tal vez lo que se desea no sea lo mejor para el consultante aunque él así lo considere.*

25. ¿Es una imagen completa?

La imagen de solución puede ser incompleta o dar la sensación de estar inacabada, ya que aquello que falta puede no estar presente en la vida del consultante o en la de algún miembro del sistema. Ejemplos: una madre con una hija que está embarazada, un adolescente que aún no decide su futuro o una pareja con un proyecto que prevé alcanzar a largo plazo. En estos casos, a pesar de que la imagen de solución sea incompleta, podrá darse por finalizada la constelación.

26. ¿Es una imagen estática o en movimiento?

Cuando al finalizar toda constelación vemos proyectada una imagen, definiremos qué tipo de imagen es: en movimiento o estática. Es posible que la imagen final de la constelación sea la de un representante dirigiéndose hacia un determinado lugar, como por ejemplo: una próxima pareja, un nuevo trabajo, un destino mejor. A esto lo llamo «imagen final en movimiento». Otros ejemplos de imágenes finales en movimiento serán: alguien que necesita salir del sistema y se aleja, una pareja que forma una nueva familia fuera de la de origen, un éxito de trabajo que llega.

Las imágenes finales estáticas nos hablan de soluciones que generalmente se pueden encontrar en el presente o a corto plazo. Las imágenes en movimiento expresan soluciones que se pueden alcanzar en plazos más considerables.

27. En caso de ser una imagen en movimiento, ¿hacia dónde se dirige?

Es importante tener presente hacia dónde va el representante cuando finaliza la constelación. Se puede considerar poner un objeto o a un representante en el punto más lejano dentro del escenario, simbolizando aquel lugar hacia donde se dirige. Hacer esto ofrecerá pistas acerca del destino por alcanzar.

28. El sitio hacia donde se dirige el movimiento, ¿es un lugar positivo o negativo para el representante?

El punto que representa el destino por alcanzar puede ser bueno o malo, como la vida o la muerte, el éxito o el fracaso, una nueva pareja o un examor imposible, abundancia económica o dificultades con el dinero.

En caso de ser lugares negativos, tomaré en cuenta la posibilidad de tener que seguir constelando. Ejemplo de esto último es el caso de una paciente que acudía a terapia por su adicción a las consultas con tarotistas. Cuando finalizó su constelación, se le sugirió que se dirigiera hacia su futuro, representado por dos enormes jarrones chinos dispuestos al final del salón que daban acceso al patio. Uno de los jarrones estaba repleto de flores espléndidas, mientras que el otro se hallaba casi vacío, seco y con su macetero resquebrajado. Ante la propuesta, la paciente se dirigió corriendo al segundo macetero, y la sensación que esto provocó mostró la necesidad de seguir trabajando en su adicción.

29. ¿Qué sensación genera la visión del escenario final?

Observar las diferencias entre la primera y última imagen de la constelación y tomar consciencia de lo que se siente frente al nuevo ordenamiento puede ayudar a que la solución mostrada genere cambios posteriores en el consultante y su sistema.

No hace falta explicar nada. Se trata sólo de observar, tomar consciencia, sentir, para, finalmente, integrar.

30. ¿De dónde ha provenido la fuerza para resolver la constelación?

Esta terapia sirve para vivir con apoyos en lugar de pesos, de manera que en cada constelación buscamos qué recurso o representante es quien ofrece la ayuda para quitar las cargas, eliminar bloqueos y permitir que el amor fluya como fuerza sanadora.

Descubrir esa fuerza es una manera de asentir a aquello que proviene, generalmente, de más atrás: padres, ancestros, muertos y, en algunos casos, excluidos, que pugnan por colaborar en alcanzar la solución.

A veces, esas fuerzas sanadoras provienen del futuro, ya sea un hijo, la nueva pareja, etc., o de un anhelo espiritual, como la ayuda otorgada por un ser superior.

En cualquier caso, reconocer esa fuerza es una manera de honrarla y dignificarla, darle un lugar en el alma, teniéndola presente.

8. CIERRE

Cuando se alcanza la solución final, el consultante debe realizar estos pasos:

1. Mirar y tomar consciencia de la nueva imagen que se ha generado.
2. Interiorizar la imagen dejándola descansar en el alma.
3. Preguntarse qué quiere hacer a partir de ahora con esa información.
4. Actuar en consecuencia.

Para realizar el primer y segundo paso, se tomará una foto de la constelación.

Para realizar el primer y segundo paso, se tomará una foto de la constelación.

Para realizar el tercer y cuarto paso, se le sugerirán indicaciones concretas.

Foto

Al terminar, se obtendrá una foto de la imagen de solución final de la constelación para tenerla presente a la hora de meditar sobre ella. Dicha imagen deberá dejarse reposar en el alma, por lo tanto, no se requirirá de una elaboración mental sino de una comprensión del corazón.

Con el fin de ayudar a que la imagen de solución sea introyectada, se recomendará al consultante intentar visualizarla la mayor cantidad de veces posible durante el día, en especial antes de irse a dormir, apoyando la visualización con las últimas frases sanadoras que se podrán haber grabado.

No nos conformamos con esperar resultados. Buscamos buenas sensaciones y confiamos en que el recuerdo de la imagen de solución así nos las traiga.

Indicaciones
Tanto si se llega a una solución final como si no, el consultante recibirá indicaciones.

En general, todo lo sucedido en la constelación debe reposar en calma para poder ser introyectado. Este proceso de internalización requiere de determinados aspectos según cada persona: espacio, intimidad, silencio, tiempo, etc. La rumiación mental puede impedir esta elaboración, por lo tanto, es necesario dejar al consultante tranquilo y no preguntarle cómo se encuentra ni pedirle que participe inmediatamente como representante en otra constelación del taller. De manera que se sugerirá al grupo que no se acerque a hacerle preguntas y al consultante, que guarde lo acontecido para sí mismo sin dar justificaciones ni buscar explicaciones en los demás. Cuanto más respeto e intimidad se guarde a una imagen de solución, mayor posibilidad de éxito tendrá la constelación.

En ocasiones, es recomendable comentar lo sucedido en la constelación. Ejemplos: cuando se ha constelado la toma de una decisión sobre un tema que implica a otras personas (tener un hijo, comprar una propiedad, realizar una inversión de capital conjunto, cambiar de país…), cuando se ha constelado un problema que afecta a la pareja y sólo ha asistido al taller uno de los dos, cuando se esté revisando el árbol genealógico y se necesiten más datos.

Otras indicaciones podrán ser: determinar el tema que se va a constelar en una próxima sesión según el Mapa de Constelaciones Familiares o proceso terapéutico que se esté siguiendo, realizar una meditación o ritual específico, o cualquier otra sugerencia u orientación importante para el consultante.

Por último, nos despedimos dando las gracias a todos los representantes y participantes por su colaboración.

CONSTELACIONES FAMILIARES GRUPALES

–PROTOCOLO–

1. APERTURA

   1. **¿Cuál es el tema que se va a tratar?**
      - Centrado en lo que preocupa al consultante
      - Expresado en una o dos palabras o frase corta
      - Sin críticas ni desvalorizaciones
      - Sin agregar datos o informaciones innecesarias

   2. **¿Si esto fuera posible, qué quieres lograr respecto al problema?**
      - Claro y concreto
      - Formulado uno cada vez
      - Posible de alcanzar mediante la técnica
      - Centrado en la propia persona
      - Referido a uno mismo, a un descendiente o a alguien del mismo nivel o inferior

   3. **¿Cómo te darás cuenta de los resultados de la constelación?**
      - Buscamos la emoción

2. REPRESENTANTES
   - Elección de representantes según el tema
   - Opción de elegir a un representante como espectador
   - Selección a cargo del consultante o del constelador
   - Consigna
   - Significado de la selección
   - Interpretación de los olvidos y confusiones
   - Participación del consultante como representante

3. OBSERVACIÓN

Del constelador a los representantes

    4. ¿Qué siento al ver esta imagen?

    5. ¿Qué formas geométricas se han creado?

- *Triángulos*
- *Líneas rectas*
- *Representantes enfrentados*
- *Representantes dando la espalda*
- *Círculos*
- *Cuadrados*
- *Falta de alineación o composición desordenada*

    6. ¿La ubicación que tienen los representantes es fija y estable?

    7. ¿Qué distancia hay entre los representantes?

    8. ¿Algo o alguien queda fuera del grupo?

    9. ¿En qué lugar se ubican los representantes masculinos y femeninos?

    10. ¿Hacia dónde mira cada uno de los representantes?

Del constelador al espectador

    11. ¿Forma parte de alguna figura geométrica?

    12. ¿En qué sitio se ha colocado con respecto al grupo?

    13. ¿Hacia dónde mira?

    14. Si formara parte de la familia, ¿quién sería?

    15. Si fuera alguna cosa, ¿qué sería?

4. SENSACIONES

    16. ¿Qué sienten cada uno de los representantes?

    17. ¿Qué siente el espectador?

5. FRASES SANADORAS Y PROCEDIMIENTOS ESPECÍFICOS (rituales)

6. MOVIMIENTOS

18. **¿Algo o alguien quiere cambiar de lugar?** *(Respetamos el Orden de Jerarquía)*

19. **¿Algo o alguien falta en esta imagen?** *(Respetamos el Orden de Pertenencia)*

20. **¿Algo o alguien tiene necesidad de decir algo más? ¿Están todos dando y tomando de manera equilibrada?** *(Respetamos el Orden del Dar y del Tomar)*

7. SOLUCIÓN FINAL

21. **¿Se encuentran todos los representantes y el espectador en el sitio más correcto para ellos?**

22. **¿Se sienten todos bien?**

23. **¿Están todos dando y recibiendo de manera equilibrada?**

24. **¿La imagen de solución final responde a lo que se necesitaba solucionar?**

25. **¿Es una imagen completa?**

26. **¿Es una imagen estática o en movimiento?**

27. **En caso de ser en movimiento, ¿hacia dónde se dirige?**

28. **El sitio hacia donde se dirige el movimiento, ¿es un lugar positivo o negativo para el representante?**

29. **¿Qué sensación genera la visión del escenario final?**

30. **¿De dónde ha provenido la fuerza para resolver la constelación?**

8. CIERRE

– *Foto final*

– *Indicaciones*

CONSTELACIONES FAMILIARES GRUPALES

–FICHA DE SEGUIMIENTO–

1. Tema tratado según el Mapa de Constelaciones Familiares

....

2 Objetivo de la autoconstelación

....

3. Movimientos a destacar

....

....

....

4. Solución final encontrada. Subraya   SÍ   NO

5. Representante que ha otorgado la fuerza para la resolución

....

....

....

6. Descripción de la foto final

....

....

....

....

....

7. Recomendaciones futuras

....

....

....211...

Nombre y apellidos del consultante

....

Lugar ....

Fecha de la autoconstelación ....

CAPÍTULO 4

Mapa de constelaciones familiares

«No nos conformamos con esperar resultados. Buscamos buenas sensaciones y confiamos en que el recuerdo de la imagen de solución así nos las traiga».

Cómo constelar los temas del mapa de constelaciones familiares

INTRODUCCIÓN

Fundamentos del Mapa de Constelaciones Familiares

Cuando Bert Hellinger creó las Constelaciones Familiares, utilizó dicho término por la forma en que los representantes se colocaban dentro del espacio, unos con relación a otros, parecido a las figuras que forman entre sí las estrellas en el cielo.

Ampliando este concepto y llevándolo al campo de la psicología, pude ver que en las terapias de mis pacientes en las que aplicaba Constelaciones Familiares, se creaba con el tiempo una especie de mapa de trabajo al que denominé «Mapa de Constelaciones Familiares».

Características

Consiste en un camino terapéutico de 22 puntos que hay que tratar, considerando las dificultades que se plantean en la vida de las personas.

Para el terapeuta, supone una manera de organizar las terapias con los consultantes, teniendo en cuenta los temas generales y específicos y marcando un comienzo y un final en sus procesos de análisis. Para el consultante, brinda la posibilidad, al menos una vez en la vida, de constelar asuntos que se hace imprescindible revisar para su crecimiento personal y para el desarrollo de una vida más plena.

La metáfora del mapa

¿Por qué un mapa?

Cuando me imaginaba a la persona inmersa en su mundo, dirigiéndose hacia los sitios comunes y específicos, la representaba mentalmente como posicionándose dentro de un mapa.

Cada persona tiene una ubicación en el mundo desde la que evoluciona interaccionando.

Cuando se dirige hacia atrás, va hacia el pasado. Cuando se dirige hacia delante, va hacia el futuro.

Cuando se dirige hacia los lados, se mantiene en el presente. Cuando se dirige hacia dentro, se vuelca en sí misma.

¿Qué hay en estos lugares en los que el ser reposa por un tiempo siempre definido?

En el pasado, sus experiencias vividas y, más allá, sus padres y ancestros.

En el presente, la manera de desenvolverse en el día a día, aquello de lo que se rodea, los otros y su sistema familiar actual.

En el futuro, lo que le falta por lograr, lo incierto, lo desconocido y, más allá, aquello que lo envuelve todo, lo espiritual.

En su interior, su cuerpo en todas sus dimensiones: físico, mental, emocional y energético.

PASADO
Experiencias vividas, padres, ancestros

PRESENTE
Lo cotidiano, los otros, sistema familiar actual

FUTURO
Metas, lo espiritual

INTERIOR
El cuerpo, lo físico, mental, emocional y energético

El itinerario

Transitar ese mapa implica recorrer un itinerario con un punto de partida y un destino final trazando una línea de vida.

El primer destino lo constituye la gestación, desde el momento en que los padres deciden inconsciente o conscientemente traer un hijo al mundo. Aquí incluyo lo que viene detrás de ese hijo y lo que ese hijo trae consigo.

El destino final hace referencia al Destino con mayúscula al que nos dirigimos los seres humanos y que, según las creencias, sería un camino que atraviesa diversos parajes. El primero de ellos: la realización personal, el segundo: la muerte, el tercero: la vida en el más allá.

El punto de partida y el destino final serían los sitios comunes, pero he llegado a la conclusión de que aún existen otros 20 puntos esenciales por los que transitan las personas y que deben ser abordados en todo análisis que se precie de ser profundo y completo.

Los caminos secundarios

Además de estos 22 puntos, existirían caminos secundarios y alternativos, trayectos de ida y vuelta, como senderos que se salen de las rutas principales que sirven para adquirir conocimientos del lugar, descansar un tiempo y tomar fuerzas hasta poder volver, al fin, al camino original, pero ya más crecidos y seguros. Estos recorridos que denomino «específicos» los constituyen las vivencias personales y particulares en las que ocurren hechos determinantes de la vida de cada persona.

Tal es la relevancia de estos caminos que, aún siendo secundarios, es imprescindible atravesarlos dentro de un análisis terapéutico personal.

Cómo establecer los sitios comunes y los específicos

Para establecer los sitios comunes a todos, me basaré en los temas centrales de la teoría de las Constelaciones Familiares.

La terapia sistémica creada por Bert Hellinger es la más adecuada para englobar el conjunto de elementos que intervienen en un proceso de análisis personal: el pasado, presente y futuro, el yo y sus circunstancias, la genealogía y lo que está más allá, llámese según las creencias Dios, Universo, Alma, Destino, etc.

Elegir los temas esenciales para un tratamiento supuso revisar aquellos ya tratados a través de mi experiencia con pacientes. Sus vicisitudes han sido la base de los casos que expongo a lo largo de todo el libro.

Para identificar los sitios específicos para cada persona me basaría en los intereses que se plantearan en la primera sesión, completándolos con los que se fueran descubriendo durante el tratamiento.

La meta

Plantear una meta final en el Mapa de Constelaciones Familiares implicaría posicionar el trabajo terapéutico dentro de un marco conceptual.

Si la terapia no se plantea para toda la vida, si aquello que se busca es algo puntual y temporal, ¿cuál es entonces el objetivo final del Mapa?

El ser humano requiere en su existencia de una homeostasis vital. Su lucha por ser en este mundo, ya sea tendiendo hacia la vida (Eros) o buscando la muerte (Tánatos), necesita de un equilibrio y, tome la dirección que tome, va camino hacia ese lugar, un lugar de estabilidad.

Objetivo

El objetivo del Mapa de Constelaciones Familiares sería ayudar al consultante a lograr una vida equilibrada en todos los aspectos, áreas o situaciones en las que el ser coexiste.

Beneficios de construir el mapa

Los beneficios de la terapia, tanto a nivel individual como en la autoterapia que siguiera el camino del Mapa de Constelaciones Familiares serán:

— Establecer un itinerario de trabajo terapéutico general.
— Colaborar con la detección de los focos problemáticos de los consultantes.

– Ayudar tanto en el tratamiento a manos de un profesional como en la aplicación de las autoconstelaciones.
– Acrecentar el conocimiento profundo de uno mismo, en relación con los demás y, en especial, con lo espiritual en el sentido más amplio de la palabra.

Consideraciones finales

Si eres terapeuta, sugiero confeccionar el Mapa de Constelaciones Familiares con cada uno de los consultantes desde el comienzo de sus terapias. Te ayudará a organizar mejor tu trabajo. Será una excelente guía para saber desde dónde has partido con cada paciente que llega a ti y de qué manera puedes acompañarlo mejor en su proceso terapéutico. Sabrás en cada momento en qué punto se encuentra el tratamiento y por dónde continuar en la siguiente sesión.

Desde ahí, el viaje le toca hacerlo a él.

La mayoría de las técnicas de crecimiento personal dan relevancia al hecho de que cada uno sea el creador de su propio destino.

Si utilizas esta herramienta para tu autoayuda, el recorrido del Mapa de Constelaciones Familiares te servirá para echar un vistazo a la historia de tu vida y te enfrentará a una visión panorámica de tus posibilidades.

Los cambios

A lo largo de este manual hemos visto de qué manera aplicar los protocolos para constelar según distintas modalidades.

En cada una de las modalidades se ha especificado que los cambios serían realizados a través de:

– Frases sanadoras
– Procedimientos específicos (rituales)

En este capítulo se incluyen las frases sanadoras ordenadas por temas y una lista de los procedimientos específicos que se van a realizar.

Para ampliar cómo llevar a cabo cada uno de dichos procedimientos se sugiere la lectura del libro: *Nuevas miradas en constelaciones familiares. Cómo aplicar constelaciones familiares según los diferentes temas*, de Alejandra Mitnik, autoedición.

REFLEXIONES

«La despedida en la terapia con Constelaciones Familiares individuales»

En ninguna terapia que implique varias sesiones, la despedida y final del tratamiento son situaciones fáciles de llevar a cabo.

Por óptima que sea la distancia que el terapeuta haya intentado establecer en las sesiones, cuando llega el momento del cierre final, conseguir mantenerse en ese lugar no es una tarea simple.

Puede que el terapeuta considere dar de alta a su paciente y, pese a los logros tan beneficiosos que éste haya alcanzado, se produzca en él una sensación extraña que lo conecte internamente con otras despedidas y situaciones de vacío, soledad o alejamiento. Lo mismo ocurre con el paciente que, sin saber cómo manejar estas emociones correctamente, sólo puede echar mano de los mecanismos de defensa: de racionalización o negación. Inconscientemente, asocia la última sesión a anteriores despedidas, lo que le lleva a actuar de manera parecida a como lo hizo en aquellos otros duelos.

En ocasiones, es posible que el paciente realice un *acting out*, término utilizado en psicoanálisis y psicología, que expresa la puesta en acción del inconsciente del paciente, el cual en lugar de expresar conscientemente aquello que siente, necesita o desea, y siendo incapaz de reconocer qué le ocurre, deja de acudir a la terapia. Las interpretaciones ante estos casos podrán ser dirigidas hacia diferentes aspectos:

- Inseguridad ante la posibilidad de permanecer sin la ayuda del terapeuta.
- Repetición del dolor por una despedida.
- Incapacidad de «tomar el alta» o aceptar la sanación.

Tanto el profesional como el paciente deben estar prevenidos de estas situaciones antes de que se establezca el contrato terapéutico y dejar claro que, al llegar a la última sesión, ambos tendrán la oportunidad de despedirse cerrando el proceso con una constelación. De esta manera, al acercarse el final del tratamiento, los dos serán capaces de abordarlo con serenidad, confianza y armonía.

Mientras que el terapeuta pueda decir: «Con ilusión, te dejo ir», el paciente podrá sentir: «Me voy con fuerzas y en paz».

Cuando abordemos a un paciente en un tratamiento psicológico en el que utilicemos las Constelaciones Familiares, propongo realizar el siguiente procedimiento al que he denominado: «Ritual de finalización de un tratamiento».

RITUAL DE FINALIZACIÓN DE UN TRATAMIENTO

Se eligen dos representantes, uno para el paciente y otro para el terapeuta.

Se pide al paciente que coloque a ambos representantes enfrentados para poder decirse unas palabras.

El terapeuta toma al muñeco que lo representa mientras le dice al muñeco representante del paciente las siguientes frases sanadoras: «Aquí finaliza tu tratamiento conmigo. A partir de hoy, ya no tendremos que vernos dentro de un marco terapéutico, o hemos terminado tu terapia, etc. Agradezco tu confianza en mi trabajo y que me hayas permitido ayudarte. Tienes un lugar muy especial en mi corazón y espero que te vaya bien».

Luego, se invita al paciente a que coja al muñeco que lo representa a él y a que exprese con sus palabras lo que sienta.

Posteriormente, el terapeuta puede proponer que ambos muñecos se abracen, preguntando al paciente:

«¿Sabes cómo se hace un abrazo en las Constelaciones Familiares con muñecos?».

El terapeuta puede mostrar cómo se representa un abrazo en esta terapia, pero generalmente no es necesario ya que casi todos los pacientes se las ingenian de alguna manera para lograrlo con destreza.

Representantes:
- Paciente
- Terapeuta

Frases sanadoras:

De terapeuta a paciente

«Aquí finaliza tu tratamiento conmigo. A partir de hoy, no tendremos más sesiones pero si me necesitas, ya sabes dónde estoy».

«Gracias por tu confianza en mi trabajo y por haberme permitido ayudarte».

«Te doy un lugar muy especial en mi corazón y espero que te vaya bien».

De paciente a terapeuta

«Gracias por acompañarme en mis procesos».

«Me voy con alegría».

MAPA DE CONSTELACIONES FAMILIARES

FAMILIA

1. Ordenar el núcleo familiar.
2. Ordenar la línea materna y tomar la fuerza femenina.
3. Ordenar la línea paterna y tomar la fuerza masculina.
4. Dar un buen lugar a excluidos. (Abandonados, dados en adopción, desheredados, maltratados, criticados, olvidados, etc.).

TRAUMA

5. Temas particulares de la familia: bebés llevados muertos en el vientre, bebés nacidos muertos, muertes tempranas, accidentes, suicidios y homicidios, participación en guerras, encarcelamientos, desaparecidos, inmigraciones, secretos de familia, maltratos.
6. Sanando al Niño Interior. Tratamiento del trauma.

ENFERMEDADES Y SÍNTOMAS

7. Enfermedades puntuales, crónicas o que se repiten de generación en generación. Minusvalías. Psicosis.

8. Aspectos de la personalidad que se deban tratar: cambios de humor, intolerancia, inseguridad, baja autoestima, miedos, prejuicios. Liberación de la culpa.

9. Cuidado del cuerpo. Relación con la comida. Intolerancias alimenticias. Anorexia, bulimia.

ETAPAS DE LA VIDA

10. Vivencias de la infancia, adolescencia, madurez, tercera edad, muerte.

FEMINEIDAD/MASCULINIDAD

11. Lugar otorgado a la femineidad/masculinidad.

12. Aceptación de la menstruación, embarazo, parto, postparto, nido vacío, menopausia, cercanía de la muerte.

SEXUALIDAD

13. Importancia de la sexualidad para la persona y su familia.

14. Abusos sexuales.

15. Abortos naturales o provocados.

PAREJA

16. Dar un buen lugar a cada amor vivido. Cortar lazos. Despedirse del pasado y dejar entrar al nuevo amor.

17. Relación con la nueva familia de la pareja. (Suegros, hijastros, cuñados, etc.).

18. Relación con los hijos. Darse como padres.

DINERO

19. Relación con el dinero. La culpa por no generarlo, la culpa por tenerlo, la culpa por perderlo. Falta de incentivos, situaciones de carencias, pérdidas económicas, ganancias ilícitas, problemas de herencia.

MISIÓN DE VIDA

20. Bienvenida a un buen destino. Tomar la vida. Objetivos de realización personal. Relación con el trabajo.

ESPIRITUALIDAD

21. Lo espiritual. El karma. Capacidades extrasensoriales, dones.

GENOGRAMA O ÁRBOL GENEALÓGICO

22. Interpretación del Genograma. Tomar la fuerza sanadora de los ancestros.

FRASES SANADORAS

HIJOS A PADRES

Para tomar a los padres

- *Mamá es la más grande, la mejor madre para mí y la mejor mujer para ti.*
- *Mamá: Ahora tengo madre. Con todo mi respeto, me inclino ante ti.*
- *Te reconozco como mi madre/padre, te tomo como tal y me doy como tu hija/o.*
- *Por favor, tómame como tu hija/o.*
- *Tú eres la grande/el grande; yo, la pequeña/el pequeño.*
- *Tú das, yo recibo.*
- *De ti tomo la vida, la tomo toda entera, al precio que a ti te costó y aún te cuesta.*
- *Por favor, mírame con buenos ojos si me oriento hacia la vida y me va bien.*
- *Queridos padres: lo que necesito lo tengo y el resto lo hago yo.*
- *Os llevaré siempre en mi corazón y para honraros sacaré provecho de mi vida y seré feliz.*
- *Tengo una buena vida y os agradezco vuestra contribución.*
- *No soy más grande que vosotros.*
- *Ahora me siento uno de los vuestros.*
- *De vosotros vengo.*
- *Me tocó nacer dentro de esta familia, pero ahora sigo mi camino con dignidad y continúo siendo yo si lo hago.*

Para despedir a los padres

- *Estimada madre/estimado padre, tú estás muerta/o y yo todavía viviré un poco y después también moriré.*
- *Veo donde va tu corazón.*
- *Aunque te vayas, yo me quedo.*
- *Te has ido cuando más te necesitaba y aún te necesito.*
- *Siento el dolor de tu muerte.*
- *En mí sigue estando la niña pequeña/el niño pequeño que aún te necesita.*
- *Ahora te miro y te puedo ver, querida mamá/querido papá.*
- *Ya no me faltas porque te llevo en mi corazón para siempre.*
- *Gracias, me habéis dado lo suficiente.*
- *Ayudadme porque yo soy pequeña/o para esto.*
- *Tú allí y yo aquí.*

Hacia padres adoptivos

- *Vosotros me habéis dado la vida y mis padres adoptivos me han mantenido en ella. Os tomo con gusto a todos.*
- *Vosotros sois mis padres biológicos. Ahora os veo. Gracias, porque sin vosotros yo no hubiera nacido. Vosotros sois mis padres adoptivos. Gracias, porque sin vosotros yo no hubiera subsistido. A todos os llevo en mi corazón.*

Hacia padres con destinos difíciles

- *Tú lo llevas, tú sabes, y a mí no me corresponde.*
- *No te juzgo y me inclino ante tu destino con amor.*
- *Sea cual sea tu pena o dolor, permito que lo lleves tú. Tú eres el grande y yo tengo suficiente. ¡Gracias!*
- *Querida/o mama/papá, soy tu hija/o, sólo tu hija/o y lo que he llevado lo he hecho por amor y ahora lo dejo contigo.*

Hacia padres separados

- *En vuestros asuntos no me meto, los respeto y no os juzgo.*
- *En mi interior seguís unidos.*

Hacia otro amor de uno de los padres

- *Contigo no tengo mucho que ver, pero tienes un lugar y no te juzgo.*
- *Contigo no tengo nada que ver, sólo soy la/el hija/o de él/ella.*
- *Te reconozco como el segundo amor de mi padre.*
- *No soy la/el hija/o que hubieras deseado tener.*
- *Por favor, alégrate si él/ella me sigue queriendo como su hija/o, y si me va bien.*

Hacia los padres que cometieron abusos

- *Mamá/Papá, todavía estoy rabiosa/o.*
- *Me rindo.*
- *Dejo la pena más grande con vosotros.*
- *Tú lo llevas y a mí no me corresponde.*
- *Yo soy inocente y dejo la culpa con vosotros.*
- *Me has perdido como hija/o, pero te agradezco la vida y algo más.*
- *Querida madre/padre, antes prefiero caer que apoyarme en ti.*
- *Yo, como tú.*
- *Esto es demasiado para mí.*
- *Es tu asunto y ya no puedo alentar tu corazón.*
- *Me quedo con la/el madre/padre.*
- *Por favor, bendíceme y mírame bien si me entrego en brazos de un/a hombre/mujer, aunque tú no lo hagas.*

FRASES SANADORAS

PADRES A HIJOS

Para tomar a los hijos

- *Ahora te vemos y te damos un lugar.*
- *Eres nuestro (número de hijo) hijo/a especial.*
- *Con gusto te tomo como mi hija/o, por favor tómame como tu madre/ padre.*
- *Aquí yo soy la grande/el grande y tú la pequeña/el pequeño, yo doy y tú tomas.*
- *Sin nosotros, tú puedes.*

Para despedir a los hijos

- *A mí me tocó morir y a ti vivir.*
- *Desde donde estoy, te miro con amor.*
- *Aunque no me veas, mi fuerza está contigo. Éste es mi destino, éste es mi camino, éste es mi lugar y no el tuyo, por favor respétalo.*
- *Tú tendrás tu propia vida y siempre me tendrás como madre/padre.*

Para padres que dan en adopción

- *Siento mucho no haber estado más tiempo contigo.*
- *Siento mucho haberte dado en adopción, te he perdido, pero deseo decirte que soy tu madre/padre.*
- *Tú tendrás tu propia vida y siempre me tendrás como madre/padre biológico/a.*
- *Me alegro si también los quieres a ellos.*

- *Te doy raíces para que vivas.*
- *Como madre me puedes tener de la manera que a mí me es posible.*
- *A ti te mantienen ellos.*

Para padres con destinos difíciles
- *Yo lo llevo y tú quedas libre.*
- *Respeto mejor la vida que te di si vives con salud.*
- *Yo mi vida y tú tu vida. Ya te di lo suficiente y me honras como padre/ madre con tu propia vida, y me honras como padre/madre cuando aceptas mi ascenso y descenso.*

FRASES SANADORAS

ABORTOS

- *Te veo y te doy un lugar en mi corazón.*
- *En su momento no te deseé, lo siento.*
- *No te amé y te agradezco tu sacrificio.*
- *Sé un ángel para mí.*
- *Por favor, desde donde estés, mírame bien para que viva.*

FRASES SANADORAS

PAREJAS

Hacia parejas anteriores

- *Te reconozco como mi (primer, segundo, tercer) amor.*
- *Gracias por lo que compartimos.*
- *Me alegro de que te vaya bien en la vida.*
- *Te dejo ir.*
- *Me hago cargo de mi cincuenta por ciento y tú toma tu cincuenta por ciento de responsabilidad.*
- *Lo bueno que me diste, si me permites, lo tomo y me lo quedo, de la misma manera que tú, si quieres, puedes quedarte con lo bueno que te di. Lo malo que me diste no lo quiero para mí y te lo devuelvo; de la misma manera, lo malo que te di puedes devolvérmelo y me hago cargo. Así, quedamos en paz.*
- *Te utilicé y me arrepiento.*
- *Sé que te hice daño y lo siento.*
- *Acepto mi culpa y cargo con las consecuencias.*
- *Ahora dejo que te vayas y yo me retiro de ti.*
- *Lo hice por ti con gusto.*
- *Pagué un precio, pero valió la pena.*
- *De lo que fue mal entre nosotros, asumo mi parte de responsabilidad y ahora te dejo en paz.*
- *Me hubiera gustado que fuera posible.*
- *Estuvo bien mientras duró.*

— *Me quedo con lo que fue posible para nosotros y con el amor que nos unió.*
— *De los buenos momentos que tenga con otras parejas, te agradeceré lo que he aprendido de ti.*
— *Te respeto como la pareja que has sido.*
— *Te dejo ir aunque me duela y me entrego a mi dolor.*
— *Te libero y me libero.*
— *Yo, mi vida, y tú, la tuya.*
— *Siempre tendrás en mi corazón el lugar que te corresponde.*
— *Estuve muy enfadada contigo, no te podía perdonar, ahora honro tu vida y siento con amor tu muerte; yo me quedo un poco más.*

Hacia el exprogenitor

— *Yo me retiro con mi culpa, te amé y en algún lugar te sigo amando.*
— *En nuestros hijos te seguiré amando y cada vez que los mire a ellos, te amaré a ti también.*
— *Amo la parte de ti que veo en nuestros hijos.*
— *Gracias por nuestros hijos.*
— *Honro la parte de ti que veo en ellos.*
— *Tienes un lugar en mi corazón.*

Hacia la pareja actual

— *Valoro todo lo que me das y es suficiente.*
— *Yo miro nuestro camino y me tranquilizo cuando tú miras nuestro camino y no tanto a mí.*
— *Gracias, me has dado mucho, me has dado demasiado y así me has perdido porque no permites que yo mantenga mi dignidad.*
— *Ahora te haré sufrir un poco; ¿me lo permites?*
— *Respeto tu enfado y estoy de acuerdo en llevar la culpa durante un tiempo.*
— *Gracias por ser mi compañero/a de camino.*

FRASES SANADORAS

HERMANOS

Hacia hermanos vivos
- *Aquí tú eres el/la (primero/a, segundo/a, tercero/a).*
- *Me doy como tu hermana/o (mayor, menor, la tercera/el tercero).*
- *Te doy el lugar que siempre te ha correspondido.*
- *Respeto tu carga aunque me duela.*
- *Veo tu dolor y desearía ocuparme de él, pero sólo soy tu hermano/a.*
- *Respeto mejor la vida, nuestra vida, si tú vives y tienes salud.*
- *A mí me tocó un destino de salud y a ti uno de enfermedad.*
- *Lamento tu destino, pero con tu permiso, yo haré algo diferente con mi vida.*

Hacia hermanos muertos
- *Respeto tu destino de morir y el mío de vivir.*
- *Aún me quedaré un poco y, más tarde, iré contigo.*
- *Te llevo en mi corazón.*
- *Por favor, sonríe porque me vaya bien.*
- *Sé un ángel para mí.*

FRASES SANADORAS

VÍCTIMA/AGRESOR

Hacia el agresor
— *Siento mucha rabia contigo.*

— *Soy inocente.*

— *Te veo y veo tu destino difícil.*

— *Fue terrible para mí y dejo las consecuencias contigo.*

— *A pesar de todo, saco provecho de mi vida.*

— *De ti saco fuerza y lo dejo como ha pasado, con amor.*

— *Yo merezco tener una buena vida.*

Hacia la víctima
— *Aquí yo fui el agresor y tú la víctima.*

— *Los dos perdimos.*

— *Dejo que te vayas y asumo la culpa.*

— *Lo repararé hasta donde pueda hacerlo.*

— *Con tu desgracia ganaré algo.*

— *Te mereces ser reconocida/o.*

FRASES SANADORAS

SALUD/ENFERMEDAD

Hacia la enfermedad

- *Te quiero y te odio al mismo tiempo.*
- *En ti busco el calor que me falta.*
- *Cada vez que como ansiosamente, estoy buscando amor.*
- *Tú representas lo que no he querido ver.*
- *Ahora te veo con claridad y sólo eres una parte de mí.*
- *Todo tiene derecho a ser.*
- *Comprendo tu mensaje y lo tendré en cuenta.*
- *Ahora puedo seguir sin ti.*

Hacia el ancestro que lleva la enfermedad

- *Te sigo en tu enfermedad, te sigo a la muerte.*
- *Yo me voy por ti.*
- *Querida/o mamá/papá: sea lo que sea lo que tienes que llevar tú, yo lo respeto y lo dejo contigo.*
- *Lamento tu destino, pero con tu permiso, yo haré algo diferente con mi vida.*

FRASES SANADORAS

TRABAJO

Hacia el trabajo anterior

- *Gracias por haberme dado experiencia laboral.*
- *Tomo lo mejor de lo que me diste y sigo creciendo.*
- *Ahora me voy y lo hago con agradecimiento y en paz.*

Hacia el jefe actual

- *Te reconozco como mi jefe, me doy como tu empleado y te pido que seas benevolente conmigo.*
- *Por favor, sé justo conmigo.*
- *Gracias por no ser autoritario.*
- *Reconozco tu jerarquía.*
- *Respeto tus conocimientos, capacidad y experiencia, por favor, respétame por mi dedicación al trabajo y mi necesidad de crecer en él.*
- *Aunque estemos en distintos niveles, vamos hacia el mismo objetivo.*

FRASES SANADORAS

OPERACIONES INMOBILIARIAS

A la casa

- *Gracias por todos los momentos buenos que viví en ti.*
- *Veo tu pena y tu sentimiento de soledad.*
- *Me encargaré de que los próximos propietarios te cuiden y te quieran mejor de lo que yo lo he hecho.*
- *Ellos te llenarán de amor.*

Al futuro comprador

- *Parte de mi vida estuvo aquí.*
- *Gracias por mirar mi propiedad.*
- *Deseo que te vaya bien en ella y seas feliz.*
- *Te dejo lo que fue mío y lo hago con amor.*
- *Me voy con alegría, me voy en paz.*

FRASES SANADORAS

HERENCIA

- *Yo también soy uno de los vuestros.*
- *Por favor, respeta mi derecho a pertenecer a esta familia.*
- *Yo no puedo con tanta suerte.*
- *Gracias por tu generosidad.*
- *Intentaré hacer algo bueno con lo que me ofreces.*

FRASES SANADORAS

DINERO

- *Lo siento, no te valoré lo suficiente.*
- *Creí que no te necesitaba y te dejé marchar.*
- *Con humildad, reconozco lo importante que eres para mí.*
- *Por favor, mírame con buenos ojos.*
- *Ahora te veo y te doy un buen uso.*
- *Te tomo como una energía positiva.*

FRASES SANADORAS

MISIÓN DE VIDA

- *Te elijo como el mejor futuro para mí.*
- *Veo las dificultades que se me presentan. Ayúdame, por favor, a poder llegar hasta ti.*
- *Eres importante para mí. Gracias por estar en mi vida.*

FRASES SANADORAS

ESPIRITUALIDAD

- *Yo, como tú. Yo, como tú. Yo, como tú.*
- *Lo que viene de ti, me honra.*
- *Me has elegido a mí para llevarlo. Lo tomo con amor y respeto, y en tu nombre, haré algo bueno con ello.*
- *Lo que haya pasado en esta vida, lo veo. Ahora estoy en la presente y no puedo reparar lo que ya pasó. Honro el destino de vuestras almas.*
- *Ahora te veo y te reconozco como mi doble cuántico. Gracias por ocuparte de mis temas y acercarme la solución desde el lugar y el tiempo donde te encuentras.*

FRASES SANADORAS

GENOGRAMA

- *Te reconozco y te doy un lugar en mi corazón.*
- *Mi historia es un poco la tuya.*
- *Ahora descubro que soy tu doble (doble maestro, heredero universal, etc.). Acepto con gusto tus enseñanzas y si puedo, las seguiré transmitiendo, pero lo demás lo dejo contigo porque no me corresponde a mí seguir llevándolo.*
- *Lo que no me corresponda lo dejo contigo, porque si lo sigo llevando me pongo sobre ti creyendo que yo soy más fuerte y capaz de resolverlo mejor que tú.*
- *Dejo mi arrogancia a un lado y me pongo delante de ti para recibir la vida que viene de mis ancestros.*
- *Has sido un yaciente (gemelo iridiscente, gemelo simbólico, etc.). Te he llevado conmigo durante todos estos años. Ahora, ha llegado el tiempo de dejarte ir. Por favor, sonríeme con amor mientras yo vivo plenamente mi vida.*

PROCEDIMIENTOS ESPECIALES (RITUALES)

Existen diferentes procedimientos que podemos realizar para alcanzar los objetivos de las Constelaciones Familiares.

Estos procedimientos, conocidos también como rituales, se hallan detallados en el libro *Nuevas miradas en constelaciones familiares. Cómo aplicar constelaciones familiares según los diferentes temas,* de Alejandra Mitnik, autoedición.

En la presente obra, sólo nos limitaremos a enumerar los más utilizados.

1. Ordenar el núcleo familiar
2. Tomar a los padres
3. Tomar la fuerza de las mujeres de la familia
4. Tomar la fuerza de los hombres de la familia
5. Incluir a los excluidos
6. Sanar al Niño Interior
7. Tratar el trauma
8. Dar un lugar a la enfermedad y al síntoma
9. Integración de las partes del ser
10. Descubrir recursos propios
11. Reconocerse y ser reconocido
12. Tomar la sexualidad
13. Dar un lugar al bebé no nacido
14. Despedir a un amor

15. Dar lugar al nuevo amor
16. Reparto equilibrado de las herencias
17. Realizar un proyecto
18. Definir objetivos y elegir una opción
19. Tomar un buen destino en la vida
20. Superar los egos. Yo no soy más que tú
21. Buscar a los Guías. Encontrar la misión
22. Honrar y agradecer a la fuerza sanadora

CÓMO CONSTELAR CADA UNO DE LOS TEMAS DEL MAPA DE CONSTELACIONES FAMILIARES

«En una constelación, cada nueva imagen representa un intenso movimiento del alma».

FAMILIA

Revisar el núcleo familiar es el primer procedimiento que se debe efectuar dentro de un camino terapéutico.

Cuando tenemos un buen lugar en la familia, también tenemos un buen sitio en la vida.

Para revisar cómo está constituido el sistema, qué lugar ocupa cada uno de sus miembros y de qué manera fluye el amor, damos la siguiente consigna: «Coloca a tu familia».

1. Ordenar el núcleo familiar

Colocamos a todos los miembros de la familia. Observamos Orden de Pertenencia. Buscamos excluidos.

Observamos Orden de Jerarquía. Establecemos prioridad para los que llegaron primero al sistema.

Representantes:
- Consultante.
- Miembros de la familia con la que se convive, hijos de otras parejas, padres y abuelos. En caso de que haya algún otro miembro de importancia para el consultante, como puede ser un gemelo muerto, una madre adoptiva o un tío, también se los tomará en cuenta.

Frases sanadoras:
«Tú también formas parte». «Ahora te puedo ver».
«Tú eres la primera; yo, la segunda».

2. Ordenar la línea materna y tomar la fuerza femenina

Este ritual se puede realizar tanto en mujeres como en hombres. Colocamos al consultante delante y a las representantes de las mujeres de siete generaciones de su familia, formando una fila detrás. Observamos quién se sale de la línea, manifiesta una conducta diferente al resto o no se encuentra en paz.

Representantes:
- Consultante
- Ancestras mujeres

Frases sanadoras:
«Ahora puedo ver lo mucho que les costó».
«Veo cómo habéis traspasado la vida».
«Gracias. De vosotras vengo».

3. Ordenar la línea paterna y tomar la fuerza masculina

Este ritual se puede realizar tanto en hombres como en mujeres. Colocamos al consultante delante y a los representantes de los hombres de siete generaciones de su familia, formando una fila detrás. Observamos quién se sale de la línea, manifiesta una conducta diferente al resto o no se encuentra en paz.

Representantes:
– Consultante
– Ancestros hombres

Frases sanadoras:
«Ahora puedo ver lo mucho que les costó». «Veo cómo habéis traspasado la vida». «Gracias. De vosotros vengo».

4. Dar un buen lugar a excluidos (abandonados, dados en adopción, desheredados, maltratados, criticados, olvidados, etc.)

Detectamos a un excluido porque algunos representantes miran hacia un lugar determinado que llama la atención: un punto en el suelo, un sitio lejano, un lugar en el que no mira a nadie.

También nos damos cuenta de quién es el excluido porque permanece fuera de todo el grupo, tiende a alejarse o no encuentra su lugar. Aquello a lo que se mira puede ser una cosa o persona. Ya sea una cosa o una persona, deben ser integrados o despedidos para siempre, pero primero, reconocidos.

Representantes:
– Consultante
– Miembros de la familia
– El o lo excluido

Frases sanadoras:
– *«Tú también formas parte».*
– *«Honro tu destino y lo respeto».*
– *«Ahora te veo, antes no podía».*

TRAUMA

5. Temas particulares de la familia *(bebés llevados muertos en el vientre, bebés nacidos muertos, muertes tempranas, accidentes, suicidios y homicidios, participación en guerras, encarcelamientos, desaparecidos, inmigraciones, secretos de familia, maltratos)*

Cuando surgen temas traumáticos particulares para constelar, se tratan uno a uno teniendo en cuenta quién quedó fuera del sistema al ocurrir el suceso y el lugar que ocupan los padres, porque, en general, éstos no han podido estar cerca.

El tratamiento en este caso es igual al de los excluidos.

Cuando los temas que aparecen forman parte de secretos, se dejan como están y se constelan sin buscar explicaciones ni hacer salir a la luz los hechos.

Representantes:
– Consultante
– El hecho traumático
– El asunto que se va a tratar
– El ancestro relacionado con el asunto en cuestión
– La culpa
– El secreto

Frases sanadoras:
Se dirán las palabras necesarias según el contenido del hecho traumático, por ejemplo:
«Una parte de mí quedó muerta para toda la vida».
«Pensé que te perdía cuando aquello sucedió y preferí perderme yo». «Honro tu destino y lo dejo contigo».

6. Sanando al Niño Interior. Tratamiento del trauma

Se coloca a un representante para el consultante, otro para el niño que sufrió el trauma y dos más para los progenitores.

Se investiga, a través de las sensaciones del representante, qué edad tenía el consultante cuando ocurrió el suceso traumático.

Se muestra cómo los padres no pudieron estar en ese momento. Se coloca un representante del Yo adulto del consultante.

Representantes:
- El niño interior herido
- Los padres del niño
- El trauma
- El yo adulto (al finalizar la constelación)

Frases sanadoras:
«Veo que no habéis podido».
«Esto lo llevamos juntos».
«A partir de ahora, puedes contar conmigo».

Variaciones: Se colocan representantes para el consultante, para el trauma (no hace falta conocer detalles) y para la persona con la que el trauma está relacionado.

ENFERMEDADES Y SÍNTOMAS

7. Enfermedades puntuales, crónicas o que se repiten de generación en generación, minusvalías, psicosis

La enfermedad representa la expiación de una culpa (de un acto cometido por uno, por algún progenitor o por un antepasado) o la implicación y lealtad al destino de enfermedad, padecimiento y tipo de muerte de un excluido en la familia.

Revisar a cuál de estos dos orígenes se debe la enfermedad: expiación de una culpa o implicación con un excluido.

Trabajar la enfermedad o el síntoma de la misma manera en que trabajamos los traumas.

Cuando se presentan dificultades para colocar a los representantes, la imagen nos habla de dificultad en el ordenamiento del núcleo familiar, pero cuando no se puede parar de dar vueltas o se necesita colocar a un doble (dos representantes para el consultante o dos para la pareja, dos para el trabajo, etc.), es posible que se trate de una persona con un trastorno grave de la personalidad. En estos casos podemos preguntar: ¿Alguien en tu familia tuvo alguna enfermedad mental?, ¿ha habido algún suicidio, homicidio o participación en guerra en la historia familiar? Si la respuesta fuese positiva, habría que incluir al ancestro que sufrió tal acontecimiento, reconocerlo y honrar su destino con una inclinación. Si la persona que consulta no está diagnosticada con algún tipo de enfermedad mental pero presenta la tendencia a constelar con dobles, puede hacer referencia a la necesidad de vivir en la fantasía para superar el miedo a enfrentarse a algo amenazador, como por ejemplo, la soledad, los hombres, la enfermedad o la muerte. Ejemplo de esto lo encontramos en la consultante que coloca a un representante para la parte guerrera de ella y a otro para la parte que prefiere postergar la revisión ginecológica por temor a un resultado negativo.

A veces, encontramos una fijación a los dobles del árbol genealógico cuando la persona ha quedado anclada a un pasado. Un ejemplo de esto es la constelación de una consultante que se representó a sí misma con dos muñecos. Uno miraba hacia delante, y el otro, hacia atrás. Cuando se le preguntó el porqué de esa distribución, explicó: «Ésta es la parte mía que vive aquí y aquélla es la parte que sigue añorando a la tierra donde nací».

Los dobles también nos hablan de una división de la personalidad producida por un acto traumático en la que una parte del yo queda como congelada o muerta en aquel lugar y época en los que sucedió el trauma.

En ocasiones, el representante del consultante manifiesta claramente su deseo de morir o seguir a un muerto. En estos casos podemos buscar a otro representante para la parte del ser que quiere vivir y seguir en la vida.

Representantes:
- Consultante
- Síntoma
- Ancestro relacionado con el síntoma
- Culpa
- Vida pasada
- Mensaje de la enfermedad

Frases sanadoras:

«En la enfermedad, yo te sigo». «Mejor que muera yo antes que tú». «Aunque tú te vayas, en la vida yo me quedo y haré lo mejor que pueda con ella».

8. Aspectos de la personalidad que se van a tratar: cambios de humor, intolerancia, inseguridad, baja autoestima, miedos, prejuicios, falta de confianza, vergüenza, etc.

Se coloca a un representante para el consultante, a otro para el aspecto que se debe cambiar, adquirir o mejorar.

Se observa con quién está relacionado dicho aspecto.

Se buscan representantes para los padres y se observa cómo es la relación con ellos frente a ese aspecto.

El tratamiento siguiente es igual al del Niño Interior.

Frases sanadoras:

«Creí que formabas parte de mí, ahora veo que tiene que ver con él». «Lo llevaba por ti, ahora lo dejo contigo».

«Me has enseñado mucho. Ya no te necesito y te abandono para siempre».

9. Cuidado del cuerpo. Relación con la comida. Intolerancias alimenticias. Anorexia, bulimia

Colocar al representante y buscar progenitores o antepasados a los que dirijan sus miradas.

Ver el sufrimiento de estas personas en relación con la comida. Reconocer el anhelo de seguir en los destinos de estos familiares.

Frases sanadoras:
Anorexia: *«Prefiero desaparecer yo antes que tú». «Mamá, aunque papá se vaya, yo me quedo».*
Bulimia: *«A tu lado me gusta». «De ti lo tomo con gusto». «Papá, me quedo».*

ETAPAS DE LA VIDA

10. Vivencias de la infancia, adolescencia, adultez, tercera edad, muerte

Cada una de las etapas puede ser constelada como en el punto 8.

FEMINEIDAD / MASCULINIDAD

11. Lugar otorgado a la femineidad/masculinidad

Se coloca a un representante para el consultante y a otro para el aspecto que se va a trabajar: femineidad o masculinidad.

Se aplica el protocolo.

Se revisa a quién se puede estar siguiendo en el destino adoptando las características especiales de aquello que esté generando dolor, incomodidad o preocupación.

12. Aceptación de la menstruación, embarazo, parto, postparto, nido vacío, menopausia, cercanía de la muerte

Se coloca a un representante para el consultante y a otro para el aspecto que se va a trabajar.

Se aplica el protocolo.

Frases sanadoras:
«Te veo, te acepto y tomo lo mejor de ti para mí».
«Te reconozco como parte del destino de mis ancestras. Ahora lo dejo con ellas y sigo con dignidad el mío».
«Ahora puedo verte, antes no podía. Y siento que no eres tan terrible. Y te sonrío. Por favor acéptame con dulzura, así puedo irme en paz».

SEXUALIDAD

13. Importancia de la sexualidad para la persona y su familia

Para el tratamiento de la sexualidad es fundamental reconocer la importancia que tiene dentro de la relación de pareja.

Sin sexualidad es muy difícil mantener una pareja.

Cuando la falta de sexualidad se reemplaza por otro tipo de intercambio, éste debe ser acordado y aceptado por ambas partes.

En el tema de la sexualidad, el Orden del Dar y del Tomar es el que generalmente se ve más afectado.

Frases sanadoras:
«Acepto tu sexualidad con todas las consecuencias».
«Reconozco tu sacrificio. Lo compensaré a mi manera si te parece». «Tu amor es más grande que el mío. Intentaré llevarlo lo mejor que pueda».

14. Abusos sexuales

En los abusos sexuales se intentará que el paciente:

- Pueda liberar su culpa por sentir placer al mismo tiempo que todas las emociones negativas.
- Comprenda que la rabia hacia el progenitor responsable de permitir o cometer los abusos sólo engrandece al niño impotente pero no al adulto maduro y seguro de sí mismo.
- Aceptar que entregarse al abuso era el único camino posible para el niño.

— Asumir que aún de adulto se sigue necesitando a los padres.
— Afrontar la no disponibilidad de los padres y hacerse cargo de uno mismo cuidando del niño abusado interior.

Frases sanadoras:
«Fui y soy inocente».
«Veo que me entregaste a papá para no perderlo».

15. Abortos naturales o provocados

En los abortos se hace necesario el procedimiento de Dar un lugar al bebé no nacido.

Llevarlo con uno durante un tiempo para que viva de alguna manera y conozca a todo nuestro mundo. Cuando lo sintamos, lo dejaremos ir.

Otro procedimiento para darle lugar al bebé es colocar una planta en una maceta o en el jardín, en honor al alma del bebé que no nació. Siempre se recomienda imaginar qué sexo tendría el bebé abortado y ponerle un nombre aunque haya sido un feto de pocos días el que se ha perdido.

En caso de que el bebé haya nacido muerto o muera a los pocos días de nacer, se recomienda ir a visitarlo o repetir mentalmente las siguientes frases:

Frases sanadoras:
«No te amé, agradezco tu sacrificio y en mi corazón siempre tendrás un lugar».
«Te saqué de mi cuerpo porque no te quería, lo veo, lo asumo y cargo con la responsabilidad de la decisión».
«Sé un ángel para mí».

16. Dar un buen lugar a cada amor vivido. Cortar lazos. Despedirse del pasado y dejar entrar al nuevo amor

Cada vez que constelemos la búsqueda de pareja, debemos despedir al antiguo mediante el procedimiento de «Despedida de un amor anterior».

Para realizar este paso, enfrentamos al representante del consultante con cada una de sus parejas anteriores para decirles determinadas frases sanadoras.

Representantes:
- Consultante
- Parejas anteriores
- Pareja actual o futura

Frases sanadoras:
«Me alegro de volver a verte».

«Lo malo que te di, me lo quedo y lo bueno que te di, me alegraré si te lo quedas. De la misma forma, lo malo que me diste, te lo devuelvo y lo bueno que me diste, me lo quedo conmigo. Y así te doy un buen lugar en mi corazón. De esta manera, ambos quedamos en paz».

Luego, colocaremos a la pareja actual o a la posible nueva pareja para finalizar con las siguientes frases:

«Ahora te veo, antes no podía. Tenía que resolver algo con mis anteriores amores. Ahora los llevo en un buen lugar de mi corazón y aún queda un espacio muy grande para poder tomarte a ti».

A diferencia de las constelaciones para tomar a los padres, en las que los hijos son los que deben acercarse a abrazarlos, en las constelaciones de pareja, el acercamiento debe ser realizado por ambos miembros. Mientras uno da un paso, el otro da el siguiente, y así sucesivamente hasta tomar contacto o fundirse en un abrazo.

17. Relación con la nueva familia de la pareja (suegros, hijastros, cuñados, etc.)

Es importante reconocer que la familia de la nueva pareja también forma parte del sistema.

Amar a la nueva pareja implica aceptar a la familia de la que éste proviene.

Representantes:
- Pareja
- Padres de la pareja
- Otros familiares relevantes de ambas familias

Frases sanadoras:
«Yo te acepto tal cual eres y acepto a los que vienen detrás». «Todos formamos parte».
«Respeto a los tuyos, por favor, respeta también a los míos».

18. Relación con los hijos. Darse como padres

Los padres dan, los hijos toman. Si alcanzamos este orden en el fluir del amor, la armonía se materializa en el sistema.

Los padres dan la vida, los hijos hacen algo bueno con ella para poder retribuir aquello tan grande que han recibido.

Una manera de hacerlo es a través de sus propios hijos, siendo padres. En el caso de que no se tengan hijos, la entrega de la vida se consigue devolviendo algo positivo a la sociedad.

Representantes:
- Padres
- Hijos

Frases sanadoras:
«Nosotros te dimos la vida. Tómala y haz algo bueno con ella». «De vosotros tomo la vida. Gracias. Con eso me es suficiente».
«Gracias por la vida que me habéis dado. Todo lo demás lo hago solo».

DINERO

19. Relación con el dinero. La culpa por no generarlo, la culpa por tenerlo, la culpa por perderlo. Falta de incentivos, situaciones de carencias, pérdidas económicas, ganancias ilícitas, problemas de herencia

Cuando constelamos la relación con el dinero es obligado revisar quién de los ancestros pasó penurias económicas o tuvo una relación parecida a la que se está viviendo en la situación actual. Las pérdidas económicas generan sentimientos de culpa y es importante asumir responsabilidades, cargar con las consecuencias. En caso de que la culpa no corresponda a la persona sino al ancestro con el cual se está vinculado, habrá que liberar a la persona de esa carga.

Representantes:
- Consultante
- Dinero
- Ancestro que tuvo alguna dificultad con el dinero
- Sentimiento de culpa

Frases sanadoras:
«Lo he estado llevando por ti».
«A ti te fue mal y lo siento mucho. Intentaré hacer algo bueno con mi vida en honor a tu destino».
«Triunfaré y tendré éxito a pesar de que a ti te fue mal».

En temas de herencia, el Orden del Dar y el Tomar debe estar equilibrado y permitir que todos los miembros sientan que han sido recompensados con justicia.

Para que este sentimiento exista en su base, debe haberse podido aceptar, honrar y agradecer a los padres. Estos son los pasos comprendidos dentro del ritual denominado *Tomar a los padres*.

Cuando no se ha tomado correctamente a los padres es muy difícil sentir que se recibe lo que uno merece. De manera que en casos de herencia, se realizarán previamente los rituales de Ordenar el núcleo familiar y Tomar a los padres.

Una vez realizados estos dos procedimientos se podrá constelar la situación particular que esté generando problemas.

Representantes:
— Consultante
— Miembros del sistema relacionados con la herencia y el asunto que se va a tratar
— La herencia

Frases sanadoras:
«Reconozco tu lugar en este asunto y yo asumo el mío». «Respeto tu decisión. Tú eres la grande y yo el pequeño».
«Gracias por lo que me entregas. Haré una distribución justa entre mis hermanos».

MISIÓN DE VIDA

20. Bienvenida a un buen destino. Tomar a la vida. Objetivos de realización personal. Relación con el trabajo

En el tratamiento de cualquiera de estos temas, se revisarán los obstáculos y posibilidades de resolverlos, poniendo a la vista los recursos propios y externos y buscando una solución positiva con beneficios para todos los que formen parte del sistema, ya sea familiar, laboral o de proyecto.

En el caso de búsqueda de un trabajo recordamos que previamente hay que realizar el procedimiento de Despedir a un amor.

Representantes:
— Consultante
— Objetivo

- Recursos propios
- Recursos ajenos
- Obstáculos
- Soluciones posibles
- Beneficios futuros

Frases sanadoras:
«*Te elijo como el mejor futuro para mí*».
«*Veo las dificultades que se me presentan. Ayúdame, por favor, a poder llegar hasta ti*».
«*Eres importante para mí. Gracias por estar en mi vida*».

ESPIRITUALIDAD

21. Lo espiritual. El karma. Capacidades extrasensoriales, dones

Para muchas personas, es importante ampliar sus capacidades perceptivas. Un paso para poder hacerlo es buscar al ancestro que ya tuvo ese don y agradecerle su legado.

La capacidad puede traerse de otra vida pasada, por lo que colocaremos a un representante para esa posible opción, y en caso de que en la constelación se constate la importancia de dicha vida a través de los movimientos y sensaciones de los implicados, pasaremos a realizar una *Constelación Akáshica*.

En caso de necesitar trabajar karma, seguiremos el mismo procedimiento.

Representantes:
- Consultante
- Ancestro relacionado con la capacidad extrasensorial
- Don o karma
- Vida pasada

Frases sanadoras:

«*Yo, como tú. Yo, como tú. Yo, como tú*».

«*Me has elegido a mí para llevarlo. Lo tomo con honor, y en tu nombre, haré algo bueno con ello*».

«*Lo que haya pasado en esta vida, lo veo. Ahora estoy en la presente y no puedo reparar lo que ya pasó. Honro el destino de vuestras almas*».

GENOGRAMA

22. Interpretación del Genograma

Se trabajará sobre el árbol genealógico hecho por el consultante.

Hacer la constelación familiar individual sobre el dibujo o plano del Árbol Genealógico para tener presente los datos y poder asociarlos. Se revisarán temas importantes y se buscará a los ancestros que estén relacionados.

Se mirará a los dobles, los excluidos, yacentes y abortados. Si se conoce sobre Biodescodificación y el Transgeneracional se tendrá especial atención sobre los destinos difíciles, las enfermedades del sistema, las repeticiones de modos de vida, la relación con el dinero, la elección de estudios, oficios y carreras y las relaciones de pareja. Para realizar la interpretación del Genograma, se recomienda la formación sobre Biodescodificación y el Transgeneracional.

Representantes:
– Consultante
– Doble
– Yacente
– Abortado
– Excluido
– Ancestro con destino similar al del consultante

Frases sanadoras:
«*Te reconozco y te doy un lugar en mi corazón*».

«Mi historia es un poco la tuya. Lo que no me corresponda lo dejo contigo, porque si lo sigo llevando me pongo sobre ti creyendo que yo soy más fuerte y capaz de resolverlo mejor que tú».

«Dejo mi arrogancia a un lado y me dispongo a recibir la vida que viene de mis ancestros».

REFLEXIONES FINALES:

«Lo que sana es el amor»

Cuando la terapeuta me dijo que me leería el aura, no tenía idea de en qué consistiría la técnica.

Como en un estado de trance, empezó a describir a los muñecos chinos que veía cerca de mí. Y lo hizo con tanto detalle que supe claramente que se estaba refiriendo a los Guerreros de Xi´An.

En algún sentido, estaban cerca de mi campo electromagnético, y aquella mujer podía verlos.

El material con el que trabajo llegó como un amor a primera vista. Apareció en mi vida como una ráfaga, predestinado y sin tapujos.

A partir de ahí, desarrollar mi metodología me llevó quince años de investigación y tres de recopilación. Ahora sé que escribir un manual sobre Constelaciones Familiares es recorrer un camino que no tiene fin.

Cada constelación que se abre es como una caja de Pandora. ¿Qué será aquello que encontraré dentro? ¿Hacia dónde me llevará? En cada nuevo caso, la sorpresa es la misma: increíble, milagrosa, sanadora.

Me quedo con las ganas de seguir exponiendo tantas sugerencias…, pero por ahora me despido con éstas:

Trabaja con los representantes mínimos. Agrega otros a medida que vayas resolviendo los asuntos de los primeros. Cuantas menos almas haya en juego dentro de una constelación, más fácil resultará ir poniendo las cosas en su sitio para todos.

Intenta diferenciar las respuestas que se den a las preguntas de los protocolos. En algunos casos, será necesario contar con la cabeza, y en otros, con el corazón.

No creas que si no llegas a la solución final no ha funcionado la técnica. Siempre hay solución cuando se produce un movimiento importante.

Y recuerda: «Al final de todo, lo que sana es el amor».

Recursos

Constelando la película del libro *Sanadores, un camino alternativo,* de Alejandra Mitnik, Ediciones Obelisco.

Revisamos qué recurso o representante es quien ofrece la ayuda para resolver la constelación.

Generalmente, lo que resuelve proviene de más atrás: padres, ancestros, seres queridos y, en algunos casos, excluidos, que en su afán por ser integrados dentro del sistema, colaboran en alcanzar la solución.

A veces, esas fuerzas sanadoras provienen del futuro, ya sea un hijo, la nueva pareja, etc., o de un anhelo espiritual, como la ayuda otorgada por un ser superior. En cualquier caso, reconocer esa fuerza es una manera de honrarla y dignificarla, darle un lugar en el alma, teniéndola presente.

Obsequio para el lector
Estaré encantada de enviarte dos regalos muy especiales:

1. «Oración al amanecer de la vida»
Una técnica muy potente para tomar a los padres y contribuir a que la relación con ellos pueda ser más amorosa.

2. Meditación para sanar el árbol familiar
Para grabar y escuchar cada vez que se necesiten respuestas relacionadas con la familia.

Con esta meditación tendrás la posibilidad de realizar un verdadero y efectivo movimiento curativo.

Para recibirlos, suscríbete en mi página web:
www.institutoconstelacionesfamiliares.com

Formarte como constelador
Si deseas:
– Formarte en Autoconstelaciones
– Ser especialista en Constelaciones Familiares Individuales
– Convertirte en un Constelador Familiar Grupal
  visita mi página web: www.institutoconstelacionesfamiliares.com

Compra de libros y materiales para las Constelaciones Familiares
Date una vuelta por mi tienda online y encontrarás todo lo que necesites para las terapias alternativas: www.cursosyterapias.com

Índice